Os Seis Livros da
REPÚBLICA

Livro Segundo

Coleção Fundamentos do Direito

Jean Bodin

Título Original*

Les Six Livres de la
République

---

* Tradução de *Les six livres de la République*, de Jean Bodin (1530-1596).
Tratado publicado originalmente em seis volumes em Paris por Jacques Du Puys em 1576. Traduzido para o latim pelo próprio autor em 1586 com o título de *De Republica libri sex*. Reeditado em seis volumes, com a ortografia original, no *Corpus des œuvres de philosophie en langue française*, coleção sob a direção de Michel Serres publicada pela editora Fayard, Paris, 1986.

Dados Internacionais de Catalogação na Publicação (CIP)
(Câmara Brasileira do Livro, SP, Brasil)

Bodin, Jean, 1530-1596.
  Os seis livros da República : livro segundo / Jean Bodin ; tradução e revisão técnica : José Ignacio Coelho Mendes Neto. -- 1. ed. -- São Paulo : Ícone, 2011. -- (Coleção fundamentos do direito)

  Título original: Les six livres de la République : livre second.
  ISBN 978-85-274-1132-5

  1. Ciências políticas - Obras anteriores a 1800 2. O Estado 3. Soberania I. Título. II. Série.

10-06954   CDD-320.15

Índices para catálogo sistemático:

1. República : Ciências políticas   320.15

Jean Bodin

Os Seis Livros da República

Livro Segundo

Título Original
Les Six Livres de la République – Livre Second

Tradução e Revisão Técnica
José Ignacio Coelho Mendes Neto

Coleção Fundamentos do Direito

1ª EDIÇÃO   BRASIL – 2011

© Copyright da tradução – 2011
Ícone Editora Ltda.

Coleção Fundamentos do Direito

Conselho Editorial
Cláudio Gastão Junqueira de Castro
Diamantino Fernandes Trindade
Dorival Bonora Jr.
José Luiz Del Roio
Marcio Pugliesi
Marcos Del Roio
Neusa Dal Ri
Tereza Isenburg
Ursulino dos Santos Isidoro
Vinícius Cavalari

Título Original
Les Six Livres de la République – Livre Second

Tradução e Revisão Técnica
José Ignacio Coelho Mendes Neto

Revisão do Português
Cláudio J. A. Rodrigues

Projeto Gráfico, Capa e Diagramação
Richard Veiga

Proibida a reprodução total ou parcial desta obra, de qualquer forma ou meio eletrônico, mecânico, inclusive através de processos xerográficos, sem permissão expressa do editor. (Lei nº 9.610/98)

Todos os direitos reservados pela
ÍCONE EDITORA LTDA.
Rua Anhanguera, 56 – Barra Funda
CEP: 01135-000 – São Paulo/SP
Fone/Fax.: (11) 3392-7771
www.iconeeditora.com.br
iconevendas@iconeeditora.com.br

Índice

Capítulo I
De todas as espécies de República em geral,
e se existem mais do que três, 11

Capítulo II
Da monarquia senhorial, 29

Capítulo III
Da monarquia real, 39

Capítulo IV, 49
Da monarquia tirânica, 49

Capítulo V
Se é lícito atentar contra a pessoa do tirano e, depois
de sua morte, anular e cassar suas ordenanças, 61

Capítulo VI
    Do estado aristocrático, 77

Capítulo VII
    Do estado popular, 95

O Segundo Livro da República

Capítulo I

De todas as espécies de República em geral, e se existem mais do que três

O que é o estado de uma República

Já que falamos da soberania, e dos direitos e marcas da mesma, é preciso ver em toda República aqueles que detêm a soberania para julgar qual é o estado. Se a soberania reside em um único Príncipe, nós a chamaremos de monarquia; se todo o povo nela participa, diremos que o estado é popular; se pertence apenas à minoria do povo, concluiremos que o estado é aristocrático. E usaremos tais palavras para evitar a confusão e obscuridade que provêm da variedade dos governantes bons ou maus, o que deu ensejo a muitos[1] de enumerar mais de três espécies de República. Porém, se essa opinião tivesse

---

[1] Aristóteles, *Política*; Políbio liv. 2.

fundamento, e se se medisse com relação às virtudes e aos vícios o estado das Repúblicas, haveria uma infinidade delas.

Ora, é certo que, para obter as verdadeiras definições e resoluções em todas as coisas, não se deve deter-se nos acidentes, que são inúmeros, mas sim nas diferenças essenciais e formais. De outro modo, poder-se-ia cair num labirinto infinito, que não recebe ciência alguma. Pois forjar-se-iam Repúblicas não somente pela diversidade das virtudes e dos vícios, mas também das coisas indiferentes, como se o monarca fosse eleito pela sua força, pela sua beleza, pela sua grandeza, pela sua nobreza ou pelas suas riquezas, que são coisas indiferentes, ou então por ser o mais belicoso, o mais pacífico, o mais sábio, o mais justo, o mais magnífico, o mais sapiente, o mais sóbrio, o mais humilde, o mais simples ou o mais casto. Assim, de todas as outras qualidades se faria uma infinidade de monarquias. O mesmo ocorreria com o estado aristocrático, se a minoria do povo detiver a soberania, como os mais ricos, os mais nobres, os mais sábios, os mais justos ou os mais belicosos, e tantos vícios ou outras qualidades indiferentes, coisa que seria absurda. Por conseguinte, a opinião da qual é oriunda um tal absurdo deve ser rejeitada.

A qualidade não muda a natureza das coisas

Portanto, já que a qualidade não muda a natureza das coisas, diremos que há somente três estados, ou três espécies de Repúblicas, a saber: a monarquia, a aristocracia e a democracia. Chama-se monarquia quando apenas um detém a soberania, como dissemos, e o resto do povo não tem voz; democracia, ou estado popular, quando todo o povo, ou a maioria deste em conjunto detém o poder soberano; aristocracia quando a minoria do povo detém a soberania em conjunto e dá lei ao resto do povo, seja em geral, seja em particular. Todos os antigos estavam de acordo que havia pela menos três espécies. Os outros acrescentaram uma quarta que era a mescla das três.

Opinião dos antigos quanto ao estado das Repúblicas

De fato, Platão acrescentou uma quarta, a saber aquela em que as pessoas de bem detêm a soberania, que é a pura aristocracia propriamente dita. Mas ele não reconheceu a mistura das três como forma de República. Aristóteles aceitou a de Platão e a mistura das três, obtendo cinco espécies[2]. Políbio obteve sete, três louváveis, três viciosas e uma composta das três primeiras[3]. Dionísio de Halicarnasso colocou, além das três primeiras, a quarta, que era a mescla das três[4]. E ao mesmo tempo Cícero, e depois dele Thomas More na sua República, Contarini, Maquiavel e vários outros sustentaram a mesma opinião, que é muito antiga e não teve origem com Políbio, que todavia se glorifica dela, nem com Aristóteles, mas mais de quatrocentos anos antes dele, com Heródoto, que a havia trazido a lume, dizendo que muitos a consideravam a melhor. Mas ele sustenta que só há três e que todas as outras são imperfeitas.

E se a razão não me houvesse forçado, pode ser que a autoridade de tão grandes personagens me tivesse vencido. Portanto, é preciso mostrar por vivas razões que isso é um erro, e pelas próprias razões e exemplos que eles expuseram. Pois, de fato, eles mostraram que as Repúblicas dos lacedemônios, romanos e venezianos eram compostas e suavemente entremescladas de poder real, aristocrático e popular. Ora, Platão, tendo escrito que a melhor forma de República era composta pelo estado popular e pela tirania, de repente foi contestado por seu discípulo Aristóteles, dizendo que não se podia fazer nada útil com aquilo e que era mais conveniente compor uma com as três juntas. Nisso Aristóteles disputa consigo mesmo, pois, se a mistura de duas Repúblicas é viciosa, a saber das duas extremidades que compõem em toda coisa o meio, ainda mais viciosa será a mistura das três. E como tal opinião pode suscitar grandes tumultos nas Repúblicas e causar efeitos maravilhosos, é preciso bem examiná-la.

É preciso estabelecer leis contrárias para as Repúblicas contrárias

Pois é preciso estabelecer leis e ordenanças contrárias, no que tange ao estado, quando as Repúblicas são contrárias, como o são a monarquia e o estado popular. Como os mais sábios e precavidos burgueses de Florença haviam acolhido a opinião dos antigos segundo a qual a mistura das três Repúblicas era a melhor, quando foi decidido que se devolveria a soberania ao

---

2 Liv. 4 cap. 7.
3 *De militari ac domestica Romae disciplina* liv. 6.
4 Liv. 2.

povo, seguindo o conselho de Piero Soderini, não se quis que o rebotalho do povo miúdo tivesse participação na soberania, mas somente as mais antigas casas, como eles chamavam aqueles do primeiro e do segundo cinturão da cidade e os mais ricos. E não prevaleceu a opinião segundo a qual o Grande Conselho daqueles que tivessem participação na soberania tivesse conhecimento de todos os negócios de estado, mas somente a atribuição de fazer as leis, nomear os oficiais e dispor dos dinheiros da poupança. O restante seria gerido pelo Conselho Privado e pelos oficiais, para entremesclar as três espécies de República.

E se é verdade que se pode fazer uma das três juntas, é certo que ela será totalmente diferente. Assim como vemos que a proporção harmônica, composta pelas proporções aritmética e geométrica, é totalmente diferente de uma e de outra, assim também na mescla das coisas naturais o que é composto de duas simples tem uma virtude especial e totalmente distinta das simples de que é composto. Mas a mescla das três Repúblicas juntas não gera espécie diferente, visto que os poderes real, aristocrático e popular juntos compõem apenas o estado popular, a não ser que se desse a soberania por um dia ao monarca, e no dia seguinte a minoria do povo tivesse a senhoria, e depois todo o povo, e cada um dos três detivesse por sua vez a soberania, como os senadores romanos, após a morte do rei, detinham o poder soberano alguns dias e cada qual por sua vez. Nesse caso, no entanto, só haveria três espécies de República, que não durariam muito, não mais que um lar mal administrado, no qual a mulher comanda o marido na sua vez, e depois os servidores um após o outro.

Mas colocar a monarquia com o estado popular e com a senhoria é coisa impossível e de fato incompatível, e que não se poderia sequer imaginar. Pois se a soberania é coisa indivisível, como mostramos, como poderia ela ser repartida entre um Príncipe, os senhores e o povo ao mesmo tempo? A primeira marca de soberania é dar a lei aos súditos: e quais serão os súditos que obedecerão, se também tiverem o poder de fazer a lei? Quem será aquele que poderá dar a lei estando ele mesmo obrigado a recebê-la daqueles aos quais a dá? Assim, deve-se concluir por necessidade que, se ninguém em particular tem o poder de fazer a lei, mas esse poder pertence a todos juntos, a República é popular. Se dermos poder ao povo para fazer as leis e nomear os oficiais, e se o restante não lhe competir, será preciso, não obstante, admitir que o poder dado aos oficiais pertence ao povo e que é concedido somente em consignação aos magistrados, pois o povo pode destituí-los assim como os instituiu, porque o estado será sempre popular. E para verificar o que eu disse, tomemos os mesmos exemplos que Políbio, Contarini e outros nos deixaram. Eles dizem que o estado dos lacedemônios era composto de três, porque havia dois reis, mais o senado de 28, que representava a aristocracia, e os cinco éforos, que representavam o estado popular.

O estado da Lacedemônia era simples, e não composto

Mas o que responderiam eles a Heródoto, o qual dá como exemplo de pura aristocracia o estado dos lacedemônios? O que responderiam eles a Tucídides, Xenofonte, Aristóteles e Plutarco, que dizem, ao falar da Guerra do Peloponeso (que durou 21 anos entre as Repúblicas populares e aristocráticas), que o único objetivo dos atenienses e dos seus aliados era transformar as aristocracias em democracias, como fizeram na cidade de Samos, em Corfu e em todas as outras cidades que subjugaram. E, ao contrário, a intenção dos lacedemônios era transformar os estados populares em senhorias aristocráticas, como de fato o fizeram em todas as cidades da Grécia depois da vitória de Lisandro, e até na própria cidade de Atenas, retirando a soberania do povo e dando-a a 30 senhores que foram chamados os Trinta Tiranos, segundo a forma e a maneira dos lacedemônios. E nas cidades dos sâmios, siciônios, eginetas, mélios e outras cidades da Ásia menor elas deram a soberania a dez senhores e um capitão, chamando de volta os banidos que haviam sustentado a aristocracia e banindo os principais das facções populares.

Que diriam eles a Máximo Tirius, que dá como exemplo de senhorias aristocráticas os lacedemônios em primeiro, depois os tessálios, peleneus, cretenses e mantineus? Seria preciso acusar de mentira todos esses autores, que eram dos próprios lugares e que, no mais das vezes, viveram enquanto floresciam as Repúblicas dos atenienses e lacedemônios. Pelo menos eles seriam mais críveis que um florentino, um veneziano, um inglês. Mas o que talvez os confundiu foi o nome de reis que Licurgo havia deixado a dois senhores oriundos da casa de Hércules, depois de lhes ter retirado o poder e, com a vontade e o consentimento deles, dado o mesmo ao povo. A verdade é que eles já estavam bastante abalados, pois depois que o rei Aristodemo,

Príncipe soberano dos lacedemônios, deixou dois filhos que sucederam juntos ao estado real (como Afareu e Leucipo sobre os messênios), sendo ambos reis indivisos, nem um nem o outro era rei, e obstruíam-se frequentemente por inveja. Enfim, foram despojados da soberania por Licurgo, que era também príncipe do sangue, permanecendo o nome real em sua casa e nada mais com relação aos outros 28 senhores.

Da mesma maneira, em Atenas e em Roma, depois que os reis foram expulsos deixou-se o nome de rei a qualquer sacerdote, que era chamado de rei dos sacrifícios porque fazia certo sacrifício que apenas o rei fazia anteriormente, e que, não obstante, estava submetido ao grande pontífice e não podia, como diz Plutarco, ter nenhum estado, nem magistrado, como podiam os outros sacerdotes. Licurgo fez o mesmo com os dois reis da Lacedemônia, que nada mais eram que senadores, possuindo apenas suas vozes, sem nenhum poder de comandar. Ao contrário, eram obrigados a obedecer aos mandamentos dos éforos, que os condenavam com frequência a pagar multa, e às vezes à morte, como fizeram com os reis Agis e Pausânias[5]. A soberania permanecia com o povo, que tinha pleno poder para confirmar ou infirmar os pareceres e decretos do senado. Por isso Tucídides rejeita o erro daqueles que pensavam que os reis tinham cada um duas vozes.

Porém, cem anos depois, o estado ordenado por Licurgo foi alterado pelos reis Polidoro e Teopompo, ao verem que era difícil reunir o povo e que este derrubava com frequência os santos decretos do senado. Eles transformaram então o estado popular em senhoria aristocrática pelo meio sutil de um oráculo de Apolo que foi levado a contribuir para a empreitada. Por esse oráculo foi proclamado que o senado dos 30 teria dali em diante todo o poder dos negócios de estado, como se os senadores fossem senhores soberanos. E para contentar o povo e fazê-lo esquecer o que se lhe retirava, eles resolveram instituir os cinco éforos, que eram selecionados entre o povo, como tribunos, para impedir a tirania. De fato, os éforos, de nove em nove anos, olhavam para o céu sereno e, se vissem alguma estrela cintilar, eles colocavam, diz Plutarco, seus reis na prisão e só os tiravam de lá quando o oráculo de Apolo mandasse. Assim fazia o guardião ou carcereiro com o rei de Cumes, que ele colocava na prisão todos os anos e só tirava de lá quando o senado ordenasse, como lemos nos apotegmas dos gregos.

---

[5] Pausânias liv. 4.

Ora, a República dos lacedemônios durou quinhentos anos, até Cleômenes, que matou os éforos e retirou o poder dos 30 senhores. Embora Antígono, rei da Macedônia, tendo vencido Cleômenes e colocado o estado sob o seu poder, o tenha logo restabelecido como era antes, no entanto, tendo caído vinte anos depois sob o poder do tirano Nabis, que foi morto por Filopomeno, a República foi unida ao estado dos aqueus, até que trinta anos depois ela foi libertada pelos romanos. Eis em poucas palavras a verdadeira história do estado dos lacedemônios, que Plutarco[6] recolheu folheando todos os registros no local e que anteriormente não havia sido bem compreendida em absoluto, nem por Platão, nem por Aristóteles, nem por Políbio, nem por Xenofonte, o que deu ensejo a muitos de se enganarem e de pensarem que ela fosse uma mescla das três Repúblicas. Isso podemos saber pela resposta que deu Nabis, primeiro tirano da Lacedemônia, a Q. Flamínio[7]: *Noster Legumlator Lycurgus, non in paucorum manu Rempublicam esse voluit, quem vos Senatum appellatis, nec eminere unum aut alterum ordinem in civitate: sed per aequationem fortunae ac dignitatis fore credidit, ut multi essent qui pro patria arma ferrent*. Embora ele quisesse encobrir sua tirania, totalmente contrária ao que ele dizia, não obstante ele disse a verdade sobre o que havia feito Licurgo. Mas avancemos.

O estado de Roma era simples, e não composto

Eles também deram como exemplo o estado dos romanos, que eles dizem ter sido uma mescla de estado real, popular e aristocrático. E assim era, diz Políbio, pois via-se o poder real nos cônsules, a aristocracia no senado, a democracia nos estados do povo. Dionísio de Halicarnasso, Cícero, Contarini e alguns outros seguiram essa opinião, que não tem fundamento. Pois, primeiramente, o poder real não pode estar em dois, e a monarquia, por ser una em si mesma, nunca tolera companheiro, ou então não é mais reino nem monarquia, como mostramos. Haveria mais fundamento em atribuir isso a um duque de Gênova ou de Veneza. E qual poder real poderia estar em dois cônsules que não tinham poder nem de fazer a lei, nem a paz, nem a guerra, nem de nomear oficial, nem de conceder a graça, nem de tirar um tostão da poupança, nem mesmo de condenar um cidadão às vergastadas

---

6 Em *Licurgo, Lisandro, Agesilau, Cleômenes.*

7 Lívio liv. 34.

se não estivessem em guerra? Poder este que sempre foi dado a todos os capitães-em-chefe, que se precisaria também chamar de reis, e com mais fundamento que os cônsules, que só exercem o poder um depois do outro e por um ano somente.

O condestável neste reino, o primeiro paxá na Turquia, o betudete na Etiópia, o *degnare* nos reinos da África têm dez vezes mais poder que os dois cônsules juntos, e todavia são escravos e súditos dos Príncipes, assim como os cônsules eram servidores e súditos do povo. E a qual respeito diziam eles que os cônsules tinham autoridade real, visto que o mais simples tribuno do povo podia colocá-los na prisão? Como fez o tribuno Drúsio, que mandou um sargento agarrar pelo colarinho o cônsul Felipe e jogá-lo na prisão porque ele o havia interrompido enquanto falava ao povo. O poder que eles tinham era o de conduzir os exércitos, reunir o senado, receber e apresentar as cartas dos capitães e dos aliados ao senado, conceder audiência aos embaixadores diante do povo ou do senado, reunir os grandes estados e pedir a opinião do povo sobre a nomeação dos oficiais ou a publicação das leis, não obstante falando de pé e abaixando as massas em sinal de sujeição diante do povo, que ficava sentado. E, na ausência dos cônsules, o primeiro magistrado que se encontrasse em Roma tinha o mesmo poder. Acrescente-se que eles só tinham poder por um ano. Deixo de lado, portanto, essa opinião, que não merece ser refutada.

Quanto ao senado, que eles dizem ter tido forma de poder aristocrático, tantas vezes já houve conselho privado que quase tinha mais poder. Pois ele não tinha poder algum para comandar nem os particulares, nem os magistrados, e tampouco podia reunir-se legitimamente se não aprouvesse aos cônsules. Tanto que César, durante o ano do seu consulado, só reuniu uma vez ou duas o senado, fazendo pedido ao povo para tudo que queria obter. E não era coisa nova que o cônsul agisse ao seu bel-prazer contra a opinião do senado. Pois mesmo no momento em que o senado estava com a maior autoridade que já tivera, lemos[8] que o senado, tendo pedido aos cônsules que nomeassem um ditador, porque a República estava em perigo, os cônsules nada quiseram fazer. Como o senado não tinha poder algum para comandar nem mesmo um sargento ou lictor, que são as verdadeiras marcas daqueles que têm comando, enviou o senador Servílio Prisco para rogar aos tribunos desta maneira: *Vos Tribuni plebis Senatus appellat, ut in tanto discrimine Reipublicae Dictatorem*

---

8 Lívio liv. 40.

dicere Consules pro vestra potestate cogatis. Tribuni pro collegio pronuntiant, placere Consules Senatui dicto audientes esse, aut in vincula se duci iussuros. Em outra passagem[9] está dito que o senado foi da opinião de que o cônsul apresentasse requerimento ao povo para comandar aquele que queria ser ditador, e, se o cônsul nada quisesse fazer, que o pretor da cidade apresentasse o requerimento: *si ne is quidem vellet, Tribuni plebis: Consul negavit se populum rogaturum, Praetoremque rogare vetuit: Tribuni plebis rogarunt.*

Assim se vê com evidência que eles não tinham nem o poder de comandar os magistrados mais simples, contra as proibições dos maiores. E quanto ao que diz Políbio[10], que o senado tinha poder para julgar as cidades e províncias e punir os conjurados contra o estado, aparece exatamente o contrário em Tito Lívio[11], quando se tratou de castigar os traidores capuanos, que tinham se aliado ao capitão Aníbal após a jornada de Cannes, e um antigo senador disse em pleno senado: *Per Senatum agi de Campanis injussu populi non video posse.* E logo depois: *ut rogatio feratur ad populum qua Senatui potestas fiat statuendi de Campanis.* E diante do requerimento apresentado ao povo para esse fim, o povo outorga sua comissão e ordena ao senado que mova processo contra os capuanos desta maneira: *Quod Senatus maxima pars censeat, qui assident id volumus jubemusque.* Por isso, Políbio se enganou ao dizer que o senado comandava as províncias e governos segundo sua vontade, haja vista o que diz Tito Lívio, livro 28: *Q. Fulvius postulavit a Consule, ut palam in Senatu diceret, permitteretne Senatui, ud de provinciis decerneret, staturusque eo esset quod censuisset, an ad populum Laturus: Scipio respondit, se quod e Republica esset facturum. Tum Fulvius, a vobis peto Tribuniplebis ut mihi auxilio sitis.* Aí se vê com evidência que o senado só tinha algum poder por concessão dos tribunos e do povo.

Ora, aquele que só tem algo por concessão nada tem, como dissemos acima. Em suma, de todos os negócios de estado, e até de todas as opiniões e decretos do senado, não havia nada que tivesse força nem virtude se o povo não o ordenasse ou se o tribuno do povo não consentisse, como mencionamos acima e diremos mais amplamente no capítulo sobre o senado. Não resta dúvida alguma que o estado dos romanos, depois que foram expulsos os reis,

---

9 Lívio liv. 27.
10 Liv. 91.
11 Liv. 26.

era popular, exceto os dois anos em que os dez comissários estabelecidos para corrigir os costumes transformaram o estado popular em aristocracia, ou, falando mais propriamente, em oligarquia, da qual eles foram expulsos por conjuração.

Eu disse acima que o poder dos magistrados, por maior que seja, não lhes pertence, e que eles só o têm em consignação. Ora, é certo que o povo, no começo, elegia os senadores, e depois, para livrar-se desse encargo, deu essa comissão aos censores, que eram também eleitos pelo povo, tanto que toda a autoridade do senado dependia do povo, que tinha o costume de confirmar ou infirmar, ratificar ou cassar segundo sua vontade os decretos do senado. Contarini fez o mesmo julgamento da República de Veneza, dizendo que ela era uma mescla das três Repúblicas, como a de Roma e a da Lacedemônia. Pois, diz ele, o poder real pertence unicamente ao doge de Veneza, a aristocracia ao senado, o estado popular ao Grande Conselho.

O estado de Veneza é simples, e não composto

Depois dele, Janot trouxe a lume o verdadeiro estado da República veneziana, ao mostrar por evidentes testemunhos, recolhidos nos antigos registros de Veneza, que Contarini estava muito enganado. Ele mostra que não faz trezentos anos, antes de Sebastiano Ziani doge de Veneza, que o estado de Veneza era uma pura monarquia, embora Contarini diga que faz oitocentos anos que ela está estabelecida como a vemos, e Paulo Manuzio diga 1200 anos. Seja como for, é totalmente certo que, hoje em dia, é uma verdadeira senhoria aristocrática porque, do número de cinquenta e nove mil trezentos e quarenta e nove venezianos, que foi recenseado há 20 anos, sem contar os jovens de menos de seis anos e os gentis-homens venezianos, há somente quatro ou cinco mil gentis-homens jovens e velhos que tenham participação no estado. A gente da Igreja e os jovens abaixo de 25 anos não participam e não entram no Grande Conselho, a não ser que, por requerimento, os jovens a partir de 20 anos sejam aceitos, segundo se nota um discernimento maior em uns do que em outros. E não faz cem anos que o Grande Conselho, reunido para decidir os grandes negócios, ultrapassou o número de 1500, como se pode ver na história de Sabellic e do cardeal Bembe, estando os outros ausentes.

Portanto, é a minoria dos venezianos que detêm a soberania, e de certas famílias nobres, pois nem todos os gentis-homens nativos de Veneza são aceitos. Ao contrário, há alguns da mesma estirpe, da mesma raça e do mesmo nome que são citadinos e não entram no Conselho, ao passo que outros sim. Não direi aqui a razão que cada um pode ver em Sabellic. Esse Grande Conselho, diz Contarini, tem o poder soberano de fazer as leis e revogá-las, de instituir ou destituir todos os oficiais, de receber as apelações em última instância, de decidir sobre a paz e a guerra, de conceder graça aos condenados. Com isso Contarini condena a si mesmo, pois, se for assim como ele diz, não se pode negar que a soberania dessa República seja aristocrática, ainda que o Grande Conselho não tivesse outro poder que o de nomear os oficiais. Pois, se os oficiais têm algum poder, eles o devem à senhoria, o que basta para mostrar que os Dez, o senado, os sábios e o duque com os seis conselheiros só têm algum poder por concessão e enquanto aprouver ao Grande Conselho.

Quanto ao duque, o próprio Contarini admite que ele não tem poder para chamar alguém diante de si, que é a primeira marca de comando atribuída aos magistrados mais simples, e tampouco pode decidir, seja no que toca aos negócios de estado, seja à justiça, a não ser na assembleia de seis conselheiros, ou de dez, ou dos sábios, ou do senado, ou dos 40 juízes de causas civis ou criminais, ou do Grande Conselho. Pois, embora ele tenha direito de entrar em todos os corpos e colégios, ele tem voz tão somente como qualquer outro, e não ousaria abrir uma carta endereçada à senhoria, qualquer que seja o lugar de onde ela provenha, salvo na presença dos seis conselheiros, ou dos dez, e não ousaria sair da cidade. Assim, o duque Falier, que se casou com uma mulher estrangeira sem o parecer do Conselho, foi enforcado, e doze outros doges de Veneza foram executados por terem abusado do seu poder, como se pode ver em Sabellic.

Porém, ele usa o barrete precioso, as vestes de fazenda de ouro, ele é seguido, honrado e respeitado como um Príncipe e a moeda leva seu nome, ainda que a marca da senhoria nela esteja. Todos esses são argumentos de que ele é Príncipe, eu concordo. Mas, de fato, ele não tem nenhum poder nem comando. E se assim fosse que pelos hábitos e pelas feições aparentes se julgasse o estado das Repúblicas, não se encontraria uma que não fosse mesclada da maneira que dizem. O Império da Alemanha seria muito mais mesclado que aquele dos venezianos, pois o Imperador tem muitas outras marcas, e mais senhoriais que as do doge de Veneza. Os sete príncipes-eleitores mais os outros Príncipes têm aparência de aristocracia ou de oligarquia, os embaixadores das cidades imperiais se parecem com uma democracia. Não obstante, é certo que o estado imperial da Alemanha é uma pura aristocracia, composta de trezentas ou quatrocentas pessoas no máximo, como dissemos acima. Os suíços também diriam que seu estado é uma mescla de três Repúblicas, pois o Conselho se parece com uma senhoria aristocrática, o *avoyer* ou burgomestre representa o estado real e as assembleias gerais e particulares, o estado popular. No entanto, sabe-se bem que todas as suas Repúblicas são ou aristocráticas ou populares.

O estado da França é simples, e pura monarquia

Quis-se dizer e publicar por escrito que o estado da França era também composto das três Repúblicas e que o Parlamento de Paris tinha forma de aristocracia, os três estados tinham algo da democracia e o rei representava o estado real. É uma opinião não somente absurda, mas também capital. Pois é crime de lesa-majestade fazer dos súditos companheiros do Príncipe soberano. E qual aparência de estado popular existe na assembleia dos três estados, visto que cada um em particular e todos em geral dobram o joelho diante do rei, usando de humildes pedidos e súplicas, que o rei recebe ou rejeita como bem lhe parece? Qual contrapeso de poder popular contra a majestade de um monarca pode existir na assembleia dos três estados, ou até mesmo do povo inteiro, se eles poderiam estar na situação de suplicar, requerer e reverenciar o seu rei?

Não pode ser que tal assembleia diminua o poder de um Príncipe soberano, já que por ela mesma a majestade deste último é deveras acrescida e elevada. Pois nada pode elevar a um mais alto grau de honra, poder e glória do que ver um número infinito de Príncipes e grandes senhores, um povo incontável de todas as espécies e qualidades de homens lançar-se aos seus pés e prestar homenagem à sua majestade, visto que a honra, a glória e o poder dos Príncipes residem apenas na obediência, homenagem e serviço dos súditos. Portanto, se não há imagem alguma de poder popular na assembleia dos três estados que se reúnem neste reino, tampouco haverá – e muito menos do que na Espanha ou na Inglaterra – senhoria aristocrática na corte dos pares, nem na assembleia de todos os oficiais do reino, visto também que a presença do rei faz cessar o poder e a autoridade de todos os corpos e colégios, e de todos os oficiais tanto em geral como em particular, de modo que não há um único magistrado que tenha poder de comandar na sua presença, como diremos no lugar apropriado.

Forma que as Cortes dos Parlamentos usam para escrever ao rei

Estando o rei sentado em seu assento de justiça, o chanceler dirige-se primeiramente a ele para saber o que lhe apraz, e ele ordena ao chanceler que recolha o parecer e a opinião dos Príncipes do sangue e dos maiores senhores, pares e magistrados, não para julgar pelo número das vozes, mas para relatar ao rei o parecer deles, caso lhe agrade segui-lo ou rejeitá-lo. Embora, no mais das vezes, ele siga a opinião do maior número, todavia, para fazer saber que não o faz por consideração a eles, o chanceler não diz, ao pronunciar o decreto, "o Conselho ou a Corte diz", mas "o rei vos diz". Assim, vemos que a Corte do Parlamento, ao escrever ao rei, guarda ainda hoje o estilo antigo, que na inscrição das cartas diz o seguinte: AO REI NOSSO SENHOR SOBERANO, e no começo das cartas "Nosso senhor soberano, tanto e tão humildemente quanto podemos à vossa boa graça nos recomendamos", e a subscrição no lugar mais baixo que se pode encontrar: "Vossos mui humildes e mui obedientes súditos e servidores, a gente que gere vossa Corte de Parlamento", que não é a forma de falar dos senhores aristocráticos nem dos companheiros de poder, mas sim de verdadeiros e humildes súditos. E como mencionei esse ponto acima, passarei por ele mais ligeiramente.

Portanto, é uma pura monarquia, que não está mesclada ao poder popular, e menos ainda à senhoria aristocrática. Tal mistura é totalmente impossível e incompatível. De fato, Aristóteles, ao examinar essa opinião mais de perto, no livro 4 capítulo 8 da *República*[12], diz que se chamava πολιτείαν, quer dizer, República, aquela que é composta de aristocracia e democracia. Mas ele não diz como isso pode ser feito e não dá nenhum exemplo. Ao contrário, no capítulo décimo do mesmo livro, ele confessa que não existia nenhuma em seu tempo e que ele não havia encontrado nenhuma anteriormente, embora tivesse recolhido, como se diz, cem Repúblicas num livro que se perdeu. É verdade que ele diz que a República de Platão não era nem aristocrática nem popular, mas de uma

---

12 [N.T.:] Trata-se da *Política*.

terceira espécie composta das duas, que ele chama, como eu disse, pelo nome de República. No entanto, Aristóteles nunca relatou as verdadeiras opiniões de Platão, mas ao contrário sempre as travestiu, como os antigos Acadêmicos bem observaram. Ele fez o mesmo ao rejeitar a República platônica, opinião sobre a qual muitos se apoiaram e pela qual foram enganados. Direi em três palavras a verdadeira opinião de Platão, que merece ser conhecida para se entender a questão de que tratamos, e também porque uns a chamam de divina e outros a espezinham, antes mesmo de tê-la lido.

A República de Platão, simples e não composta

Platão compõe duas Repúblicas. A primeira ele atribui a Sócrates, que nunca pensou, como diz Xenofonte, aquilo que Platão lhe faz dizer. Nesta, ele retira estas duas palavras, MEU e TEU, por ser a fonte de todo mal, e quer que todos os bens, mulheres e crianças sejam comuns. Porém, vendo que todos a criticavam, ele a abandonou tacitamente, como se tivesse escrito antes para discorrer sobre ela que para pô-la em prática. A segunda República é aquela que se atribui a Platão, que retira a comunidade dos bens, das mulheres e crianças. No mais, as duas Repúblicas são semelhantes, pois numa e na outra ele não quer que haja mais de cinco mil e quarenta cidadãos, número escolhido por ele para ter cinquenta e nove partes inteiras, com as quais ele faz três estados, a saber: os guardiões, os guerreiros e os lavradores. Depois ele faz três classes de cidadãos, que não são iguais em bens.

Quanto à soberania, ele a atribui a toda a assembleia do povo, pois ele confere o poder ao povo inteiro para fazer a lei e revogá-la. Isso bastaria para constatar que o estado é popular, se não houvesse outra coisa. Ele vai além e dá a toda a assembleia do povo o poder de instituir e destituir todos os oficiais. Não contente com isso, ele quer também que o povo tenha todo o poder de julgar os processos criminais, visto que, diz ele, o povo todo tem interesse nisso. Enfim, ele dá ao povo o poder de vida e morte, de condenar e outorgar graça. Todos esses são argumentos evidentes em favor de um estado popular, pois não há magistrado soberano que representa o estado real, e tampouco forma aristocrática. Afinal, ele quer que o senado, ou o conselho dos negócios de estado, que ele chama de guardiões, seja composto por quatrocentos burgueses eleitos pela vontade do povo, o que mostra com evidência que a República de Platão é a mais popular que já existiu, talvez até mais que a do seu próprio país de Atenas, que se diz ter sido a mais popular do mundo. Deixo de lado setecentas e vinte e seis leis que ele deitou por escrito para o governo da sua República, pois me basta ter mostrado, no que tange ao estado, que Aristóteles, Cícero, Contarini e vários outros se equivocaram ao afirmar que a República de Platão era temperada e composta de três, ou pelo menos pela senhoria aristocrática e pelo estado popular.

Concluiremos, portanto, que não há e jamais houve República composta de aristocracia e de estado popular, e muito menos das três Repúblicas. Assim, há somente três espécies de República, como disse Heródoto em primeiro, e ainda melhor disse Tácito[13]: *Cunctas nationes et urbes populus, aut primores, aut singuli regunt*. Mas, dirá alguém, não pode acontecer que haja uma República na qual o povo nomeie os oficiais, disponha dos dinheiros e conceda as graças, que são três marcas de soberania, e a nobreza faça as leis, ordene a paz e a guerra, e as imposições e talhas, que também são marcas de soberania, e além disso que haja um magistrado real acima de todos, ao qual o povo inteiro em geral, e cada um em particular, preste fé e homenagem leal, e que ele julgue em última instância, sem nenhum meio para recorrer nem apresentar requerimento civil. Isso seria dividir os direitos e marcas da soberania, e compor uma República aristocrática, real e popular ao mesmo tempo.

É impossível compor uma República que mescle as três

Eu respondo que nunca houve tal República e que ela não pode ser feita, nem mesmo imaginada, haja vista que as marcas de soberania são indivisíveis, pois aquele que tem o poder de dar a lei a todos, quer dizer, ordenar ou proibir o que quiser, sem que disso se possa apelar, nem mesmo resistir aos seus mandamentos, proibirá os outros de fazerem a paz ou a guerra, de cobrar talhas, de prestar fé e homenagem sem sua permissão. E aquele a quem será devida fé e homenagem leal obrigará a nobreza e o povo a não prestar obediência a outro senão a ele. Tanto que sempre será preciso pegar em armas até que a soberania permaneça com um Príncipe, ou com a minoria do povo, ou com todo o povo. Por exemplo, pode-se ver que, depois de Cristiano, avô de Frederico rei da Dinamarca, que reina atualmente, a nobreza quis sujeitar

---

13 Liv. 4.

os reis. De fato, após conspirarem contra o rei expulsaram-no do seu estado para nele investir seu primo, com a condição que não fizesse nem paz nem guerra sem a permissão do senado, e não tivesse poder algum de condenar os gentis-homens à morte, e vários outros artigos semelhantes que exporei no lugar apropriado, que os reis desde essa época juraram observar. E para que não os infringissem, a nobreza não quer que ele faça a paz, e entrou em liga com o rei da Polônia, e aqueles de Lubeck contra o rei, para a tutela da liberdade. Desse modo, o rei da Dinamarca e sua nobreza dividiram a soberania. Mas pode-se dizer também que essa República não teve descanso assegurado, não mais que o rei da Suécia, que tinha tal desconfiança da nobreza que tinha por chanceler um alemão e um gentil-homem normando chamado De Varennes como condestável. Portanto, é mais corrupção de República do que República.

Assim, dizia Heródoto que só há três espécies de República e que as outras são corrupções de Repúblicas, que não param de ser agitadas pelos ventos das sedições civis, até que a soberania seja totalmente de uns ou de outros. Ainda se pode dizer que, no estado dos romanos, a minoria do povo, escolhida pelos mais ricos, fazia as leis, nomeava os maiores magistrados, a saber os cônsules, pretores, censores, tinha poder soberano de vida e morte e dispunha sobre a guerra, enquanto a maioria do povo nomeava os magistrados menores, a saber os dez tribunos do povo, os 24 tribunos militares, os dois edis ou escabinos, os tesoureiros, os oficiais da guarda e das moedas, e concedia todos os benefícios vacantes. Além disso, a maioria do povo julgava, antes de Sula, os grandes processos criminais, se não fosse caso de morte natural ou civil. E por esse meio a República era composta de senhoria aristocrática e do estado popular, que os antigos chamavam propriamente de República. Eu respondo que há de fato alguma aparência, mas mesmo assim, na verdade, era um legítimo estado popular.

Os grandes e pequenos estados do povo

Pois, embora os grandes estados do povo estivessem repartidos em seis classes segundo os bens de cada um, e os homens a cavalo e a maioria dos senadores e da nobreza, assim como os mais ricos de todo o povo fossem da primeira classe – a qual, ao chegar num acordo, fazia com que a lei fosse publicada –, junto com os grandes magistrados admitidos a prestar juramento, não obstante, as cinco classes que restavam tinham dez vezes mais cidadãos. Isso é verdade, mas caso todas as centúrias da primeira classe não estivessem de acordo passava-se à segunda classe, até a sexta e última classe, na qual estava o rebotalho do povo. É verdade que isso não acontecia com frequência, mas basta que todo o povo participasse para declarar que o estado era popular, ainda que os ricos e nobres fossem os primeiros convocados. Todavia, o povo miúdo, quer dizer, a maior parte do povo, sem incluir a nobreza, vendo-se totalmente frustrada nos sufrágios depois que os reis foram expulsos, em menos de vinte ou trinta anos fez tantas sedições que conquistou o poder de dar a lei, decidir a paz e a guerra e homologar ou cassar tudo o que fosse decidido pelo senado, como dissemos acima. E fez uma ordenança segundo a qual a nobreza não assistiria às assembleias do povo miúdo, o que é um argumento muito certeiro de que a República era das mais populares, pois, depois que o povo miúdo obteve essa vantagem de poder dar a lei, os grandes estados não fizeram nem uma dúzia de leis em quatrocentos ou quinhentos anos.

Todavia, pode-se dizer que daí não decorre que só haja três espécies de República, ainda que não possam ser mescladas. Pois pode acontecer que, de sessenta mil cidadãos, quarenta mil tenham participação na soberania e vinte mil sejam excluídos. Ao contrário, pode acontecer que, de sessenta mil, cem ou duzentos detenham a soberania, ou então vinte e nove mil, que será a minoria do povo. Ora, há uma diferença notável se cem homens detêm a soberania ou vinte e nove mil, e entre quarenta mil e sessenta mil. Eu respondo que a quantidade de mais ou menos não é considerável, contanto que haja mais ou menos da metade. De outra forma, se isso implicasse a diversidade das Repúblicas, haveria um milhão delas, ou até uma infinidade, pois o número daqueles que teriam participação no estado, ao crescer ou diminuir, tornaria a diversidade infinita. Ora, a infinidade deve sempre ser rejeitada por toda ciência e doutrina.

As outras dificuldades que podem surgir quanto à natureza de cada República serão esclarecidas em seguida. Há ainda um argumento que se pode propor na questão que nos ocupa: a saber, que a República dos romanos sob o império de Augusto e muito tempo depois foi chamada de principado. É uma espécie de República à qual nem Heródoto, nem Platão, nem Aristóteles, nem mesmo Políbio, que enumerou sete, nunca fizeram menção. Lemos em Suetônio[14] que o imperador Calígula, vendo diversos reis à sua mesa entrar

---

14 Em *Calígula*.

em questões de honra e de antiguidade das suas casas, disse em alto e bom som o verso de Homero[15] que Agamêmnon usou contra Aquiles, que queria se igualar e comparar-se a ele: "Só é preciso, disse ele, um único rei". E por pouco, diz Suetônio, ele não tomou o diadema e não transformou a forma do principado romano em reino.

Ora, um principado não é outra coisa senão o estado popular ou aristocrático que tem um chefe que comanda a todos em particular e que só é primeiro em nome coletivo, pois a palavra *Princeps* não significa outra coisa senão o primeiro, falando-se propriamente. Por isso, o povo da Judeia se queixava de que Aristóbulo, primeiro da casa dos asmonianos, tivesse transformado a forma do principado, que era aristocrático, em duplo reino, tomando o diadema e enviando outro a seu irmão. Encontramos a mesma coisa nas antigas cidades da Toscana, que celebraram aliança com Tarquínio, o Prisco, rei dos romanos, com a condição de que ele não tivesse sobre elas poder de vida nem de morte e de que não pudesse instalar guarnições nas suas cidades, nem instituir talhas, nem mudar nada que fosse nos seus costumes e nas suas leis: *sed ut civitatum principatus penes regem Romanum esset*, como diz Floro, do que decorre com evidência que o rei dos romanos não tinha poder algum sobre as cidades da Toscana, mas era o primeiro nos estados.

Eu respondo que há, em várias Repúblicas aristocráticas e populares, um magistrado que é o primeiro de todos em dignidade, honra e autoridade, como o Imperador na Alemanha, o doge em Veneza, e antigamente em Atenas o arconte, o que não muda em nada o estado. Porém, aparentemente os imperadores romanos chamavam-se apenas magistrados, capitães-em-chefe, tribunos, os primeiros do povo. E de direito eles não eram outra coisa além disso, embora, de fato, vários deles se revelassem monarcas soberanos, e na maioria fossem cruéis tiranos. Por isso, eles tinham as armas e fortalezas em seu poder – e, em matéria de estado, quem é senhor da força é senhor dos homens e das leis, e de toda a República. Mas, em termos de direito, não se deve, dizia Papiniano, levar em consideração o que se faz em Roma, mas sim o que se deve fazer. Vê-se, portanto, que o principado não é outra coisa senão uma aristocracia ou democracia com alguém como presidente ou primeiro, e mesmo assim submetido àqueles que detêm a soberania.

---

[15] *Ilíada* 2.

Capítulo II

Da monarquia senhorial

Dissemos que a monarquia é uma espécie de República na qual a soberania absoluta reside num único Príncipe. É preciso agora esclarecer essa definição. Eu disse num único, por isso a palavra "monarca" se impõe. De outro modo, se colocássemos dois ou vários, nenhum deles é soberano, já que o soberano é aquele que não pode ser comandado por ninguém e que pode comandar a todos. Portanto, se há dois Príncipes iguais em poder, um não tem o poder de comandar o outro, nem pode receber comandos de seu companheiro se não lhe aprouver; de outra forma, eles não seriam iguais.

Diarquia, triarquia e outras espécies de oligarquias, compreendidas na definição geral de aristocracia

Portanto, deve-se concluir que, de dois Príncipes iguais em poder numa República, ambos senhores do mesmo povo e do mesmo país sem divisão, nem um nem outro é soberano. Ao contrário, pode-se dizer que ambos juntos detêm a soberania do estado, que é definido pela palavra "oligarquia" e chama-se propriamente diarquia, que pode ser durável enquanto ambos os Príncipes estiverem de acordo, como Rômulo e Tácio, ambos reis dos quirites, povo composto de romanos e sabinos. Mas Rômulo, logo depois, mandou matar seu companheiro, como havia feito com seu irmão. Também o Império Romano passou de monarquia a binarquia sob Marco Aurélio, que foi imperador com seu irmão Aélio Vero, embora um tenha morrido logo depois.

Pois se dois Príncipes não estão plenamente de acordo, como é quase inevitável em condições de igualdade de poder soberano, é necessário que um seja arruinado pelo outro. Assim, para evitar a discórdia, os imperadores dividiram o estado em dois: um era Imperador do Oriente, o outro do Poente, um tinha sua sede em Constantinopla, o outro em Roma. Tanto que eram duas monarquias, ainda que os éditos e ordenanças fossem publicados com o consentimento comum de ambos os Príncipes, para servir a um e ao outro Império. Porém, tão logo entravam em querela, os dois Impérios ficavam então divididos de fato, em poder, leis e estado.

Pode-se dizer o mesmo da monarquia dos lacedemônios, que durou até a morte do rei Aristodemo[16], o qual deixou Proclo e Eurístenes, seus dois filhos, como reis de um mesmo país sem divisão, de modo que o estado logo lhes foi tomado por Licurgo, ainda que ele fosse príncipe do sangue de Hércules e que pudesse aceder ao estado. Coisa semelhante aconteceu com os reis dos messênios Afareu e Leucipo. Mas no caso dos argivos, para evitar a pluralidade de reis, cabendo o reino a Atreu e Tiestes, o povo atribuiu o reino inteiro ao mais sapiente, como diz Luciano[17]. E os príncipes do sangue de Meroveu e de Carlos Magno dividiram o reino entre eles, como se viu nos filhos de Clóvis e de Luís, o Piedoso.

Não se encontra aqueles que tenham sido reis sem divisão, devido aos inconvenientes advindos da soberania detida em comum, na qual ninguém é soberano. A não ser quando um Príncipe estrangeiro desposa uma rainha, ordinariamente se coloca um e outro conjuntamente como soberanos nos mandamentos e cartas-patentes, como se fez no caso de Fernando e Isabel, rei e rainha de Castela, e de Antônio e Joana, rei e rainha de Navarra. Mas os ingleses não quiseram permitir que Felipe de Espanha, ao desposar Maria de Inglaterra, tivesse parte alguma na soberania, nem nos frutos e proventos

---

16 Pausânias liv. 1.
17 No livro da *Astrologia*.

da mesma, embora concordassem que ambos tivessem a mesma qualidade e que ambos pudessem assinar, à condição, todavia, que a assinatura da rainha seria suficiente e que sem esta a assinatura do rei Felipe não teria efeito algum. O mesmo foi acordado a Fernando rei de Aragão ao desposar Isabel: todos os mandamento eram assinados assim, "Eu, o Rei, e eu, a Rainha", e pelo secretário de estado com seis doutores, mas a soberania, afinal, ficava com a rainha.

Esse é o argumento mais forte que se pode apresentar aos maniqueus, que postulavam dois deuses iguais em poder, um bom e o outro mau. Pois, se assim fosse, sendo contrários um ao outro, ou um arruinaria o outro, ou eles estariam em guerra perpétua e perturbariam sem cessar a suave harmonia e concórdia que vemos neste grande mundo. E como este mundo suportaria dois senhores iguais em poder e contrários em vontade, visto que a menor das Repúblicas não consegue suportar dois, ainda que sejam irmãos, se entram por pouco que seja em desavença? Três Príncipes se comportariam muito mais amigavelmente do que dois, pois o terceiro poderia unir os dois, ou, juntando-se a um, obrigar o outro a viver em paz. Foi o que ocorreu enquanto Pompeu, César e Crasso, que eram chamados de monstro de três cabeças, estavam em vida: governaram pacificamente o Império Romano, que dependia apenas do seu poder. Porém, tão logo Crasso foi morto na Caldeia, os dois outros se fizeram guerra com tamanha obstinação que foi impossível reuni-los, nem viver em paz, até que um tivesse derrotado o outro. Aconteceu o mesmo com Augusto, Marco Antônio e Lépido, os quais, entretanto, haviam feito de uma República popular três monarquias, que foram reduzidas a duas depois que Augusto depôs Lépido, e as duas reunidas numa só depois da jornada actíaca e da fuga de Marco Antônio.

Assim, manteremos esta resolução de que a monarquia não pode existir se houver mais de um Príncipe. Ora, toda monarquia é ou senhorial, ou real ou tirânica, o que não constitui diversidade de Repúblicas, mas provêm das diversas maneiras de se governar a monarquia.

Diferença do estado e do governo

De fato, há uma diferença entre o estado e o governo, e essa é uma regra de política que não foi abordada por ninguém. Pois o estado pode ser uma monarquia, e não obstante será governado popularmente se o Príncipe atribuir os estados, magistrados, ofícios e penhores igualmente a todos sem levar em consideração a nobreza, nem as riquezas, nem a virtude. Pode acontecer também que a monarquia seja governada aristocraticamente quando o Príncipe só concede os estados e benefícios aos nobres, ou então somente aos mais virtuosos, ou aos mais ricos. Do mesmo modo, a senhoria aristocrática pode governar seu estado popularmente, distribuindo as honras e penhores a todos os súditos igualmente, ou então aristocraticamente, distribuindo-os somente aos nobres ou aos ricos. Tal variedade de governar induziu a erro aqueles que mesclaram as Repúblicas sem prestar atenção que o estado de uma República é diferente do governo e administração da mesma; mas abordaremos esse ponto no lugar apropriado.

Portanto, a monarquia real, ou legítima, é aquela na qual os súditos obedecem às leis do monarca e o monarca às leis da natureza, permanecendo com os súditos a liberdade natural e a propriedade dos bens. A monarquia senhorial é aquela na qual o Príncipe é nomeado senhor dos bens e das pessoas pelo direito das armas, e de boa guerra, governando seus súditos como o pai de família governa seus escravos. A monarquia tirânica é aquela na qual o monarca, desprezando as leis da natureza, abusa das pessoas livres como de escravos, e dos bens dos súditos como dos seus. A mesma diferença é encontrada nos estados aristocrático e popular, pois tanto um como o outro podem ser legítimos, senhoriais ou tirânicos do modo que falei. E a palavra "tirania" também é usada para o estado turbulento de um povo alucinado, como Cícero disse muito bem. Quanto à monarquia senhorial, é preciso tratá-la primeiro, pois é aquela que foi a primeira entre os homens.

As primeiras monarquias foram senhoriais

Pois enganam-se aqueles que, seguindo a opinião de Aristóteles, pensam que os primeiros monarcas nos tempos heroicos foram eleitos pelos povos, já que sabemos que a primeira monarquia foi estabelecida na Assíria, sob o poder de Nemrod, que a Escritura chama de possante monteiro, que é uma maneira de falar comum entre os hebreus para dizer ladrão. Até mesmo Aristóteles e Platão colocaram a ladroagem entre as espécies de monteiria, como observei no trabalho sobre Opiano[18]. Antes de Nemrod, não se encontra quem tivesse

---

[18] Nos comentários a *De venatione*, de Opiano.

poder nem domínio uns sobre os outros, e parece que esse nome lhe foi dado como próprio de sua qualidade, já que Nemrod significa "senhor terrível". Logo depois viu-se o mundo repleto de escravos, já na época em que vivia Sem, um dos filhos de Noé. Em toda a Bíblia, a Escritura, ao falar dos súditos dos reis da Assíria e do Egito, sempre os chama de escravos, e não apenas a Escritura Sagrada, mas também os gregos, que escrevem a todo propósito que os gregos eram livres e os bárbaros escravos: eles queriam dizer os povos da Pérsia e da alta Ásia. Também os reis da Pérsia, ao declarar a guerra, requisitavam água e terra, diz Plutarco, para mostrar que eram senhores absolutos dos bens e das pessoas. Eis porque Xenofonte, na *Ciropédia*, escreve que é uma coisa bela e louvável entre os medos que o Príncipe seja senhor proprietário de todas as coisas. Daí vinha a adoração que se prestava ao rei da Pérsia como àquele que era inteiramente senhor das pessoas e dos bens, como fez saber Artaban, capitão dos guardas do rei da Pérsia, ao ver que Temístocles pretendia falar com o rei à maneira dos gregos[19]; ele o impediu de fazê-lo sem antes adorar o rei, acrescentando estas palavras[20]: "É de bom tom, disse ele, observar os costumes do seu país; vocês estimam a liberdade e a igualdade, mas nós estimamos a mais bela coisa do mundo, que é reverenciar, servir e adorar nosso rei como a imagem do Deus vivo".

A monarquia senhorial não deve ser chamada de tirania, pois não é inconveniente que um Príncipe soberano, tendo vencido em boa e justa guerra seus inimigos, se torne senhor dos bens e das pessoas pelo direito da guerra, governando seus súditos como escravos, assim como o pai de família é senhor dos seus escravos e dos seus bens, e dispõe deles segundo sua vontade pelo direito das gentes. Mas o Príncipe que por guerra ou por outros meios injustos faz de homens livres seus escravos e apodera-se dos seus bens não é monarca senhorial, mas um verdadeiro tirano. Assim, vemos que o imperador Adriano não quis que um mandrião que o povo queria libertar fosse solto se isso não aprouvesse ao seu senhor, tal como Tibério havia defendido anteriormente, e depois Marco Aurélio não quis que ele fosse solto, por mais que seu senhor tivesse consentido com o clamor do povo, pois estimava que isso era mais força que vontade; todos eles o fizeram a fim de que cada qual conservasse a plena disposição daquilo que lhe pertence.

---

[19] Díon liv. 57 e Xiphil., *Adriano*.
[20] Plutarco, *Temístocles*.

Embora hoje haja poucos monarcas senhoriais, ainda que haja vários tiranos, não obstante eles ainda existem na Ásia e na Etiópia, e até na Europa há os Príncipes da Tartária e da Moscóvia, cujos súditos se chamam *chlopes*, quer dizer, escravos, como lemos na história da Moscóvia. Por essa causa, o rei dos turcos é chamado de Grande Senhor, não tanto pela extensão do país, pois o Rei Católico tem dez vezes mais, mas por ser completamente senhor das pessoas e dos bens, mesmo que somente seus gentis-homens criados e alimentados na sua casa sejam chamados de escravos seus. Porém, os *timariots*, dos quais dependem os outros súditos na qualidade de censitários, só detêm seu *timar* por concessão e precisam renovar sua outorga de dez em dez anos, e se morrerem os herdeiros ficam somente com os bens móveis. Porém, além da Europa toda e dos reinos da Berbéria, não existe monarquia senhorial, que eu saiba. E menos ainda antigamente do que hoje, pois até o imperador Augusto, embora fosse de fato o maior monarca da Terra, tinha horror de ser chamado de senhor e não tinha dependências por fé nem homenagem[21].

E se se disser que não há monarca na Europa que não pretenda a senhoria direta de todos os bens dos súditos, e que não há ninguém que não admita deter seus bens do Príncipe soberano, eu digo que isso não basta para dizer que o monarca seja senhorial, haja vista que o súdito é filiado ao Príncipe, verdadeiro proprietário, que pode dispor dos seus bens, e que o Príncipe tem apenas a reta senhoria. Além disso, há várias terras alodiais sobre as quais ele não tem nem propriedade nem reta senhoria, não mais que os romanos, que nunca conheceram essa reta senhoria. Não se encontra, em todo o direito romano, nem mesmo no Código, nem nas Autênticas, estas palavras *Dominium directum, et dominium utile*. Elas só aparecem depois da invasão dos húngaros[22], nação tartárica, e sua entrada na Europa, que mostraram aos alemães, lombardos e franceses o exemplo da monarquia senhorial, dizendo-se senhores de todos os bens. É verdade que os romanos, tendo vencido seus inimigos, vendiam-nos no mais das vezes como escravos, ou então condenavam-nos a perder a sétima parte das suas terras, como diz Plutarco na vida de Rômulo. Porém, logo cediam novamente as terras às colônias em pura propriedade.

---

21 Suetônio, *Augusto*.
22 Sigismundo de Herbestein, *História da Moscóvia*.

Ora, os Príncipes e povos suavizados pouco a pouco pela humanidade e pelas boas leis nada retiveram a não ser a sombra e imagem da monarquia senhorial tal como era antigamente na Pérsia e em toda a alta Ásia. Pois embora antes do rei Artaxerxes[23] os reis da Pérsia tivessem costume de mandar despojar e deixar nus os maiores senhores e os primeiros magistrados e mandar açoitá-los como escravos, o rei Artaxerxes foi o primeiro a ordenar que fossem de fato despojados, mas que somente suas roupas e vestes seriam açoitadas, e ao invés de arrancar seus cabelos arrancar-se-ia o pêlo dos seus chapéus. É verdade que Francisco Álvares escreve[24] que viu na Etiópia açoitar totalmente nu o grande chanceler e outros grandes senhores como verdadeiros escravos do Príncipe, e que consideravam isso uma grande honra.

O grande Negus da Etiópia é monarca senhorial

Pelo relato de sua história pode-se facilmente apreender que o grande senhor da Etiópia é monarca senhorial. Mas os povos da Europa, mais altivos e guerreiros que os povos da Ásia e da África, nunca puderam tolerar monarcas senhoriais, e nunca haviam recorrido a eles antes da invasão dos húngaros, como eu disse. Prova disso é que Odoacro, rei dos hérulos, que reinava quase ao mesmo tempo, tendo subjugado a Itália sob seu poder, tomou a terça parte das terras dos súditos (o que era a penalidade de todos os povos vencidos, a uns mais e a outros menos) e deixou as pessoas livres e senhoras de seus bens, sem posse de terra nem prestação de fé nem de homenagem. Porém, depois que os alemães, lombardos, franconios, saxões, burgúndios, godos, ostrogodos, ingleses e outros povos da Alemanha experimentaram o costume dos húngaros asiáticos, eles começaram a se comportar como senhores, não das pessoas, mas de todas as terras dos vencidos. E pouco a pouco contentaram-se com a reta senhoria, fé e homenagem, além de alguns direitos, que por esse motivo são chamados senhoriais, para mostrar que a sombra das monarquias senhoriais permaneceu, ainda que muito diminuída.

Pois os feudos e senhorias eram antigamente apenas benefícios dados à perpetuidade, e depois por favores contínuos de pai para filho, fora os ducados, marquesados, condados e outras dignidades semelhantes. Esse costume não

---

23 Plutarco, *Apophthegmata Graecorum*.
24 Francisco Álvares, *História da Etiópia*.

se alterou na Inglaterra nem na Escócia com relação às dignidades, pois lá, quando morrem os duques ou condes, seus filhos e sucessores recebem de fato as terras, mas não as dignidades, prerrogativas e qualidades dos seus predecessores. Depois que se deu abertura para tornar os feudos hereditários para os varões, aqueles sem herdeiros obtiveram também esse privilégio para as filhas, salvo na Alemanha, onde as mulheres ainda são excluídas. Esse foi o argumento mais forte usado por Ferri conde de Vaudémont contra Renato de Anjou rei da Sicília no Concílio de Constança, ao pedir ao Imperador para ser investido no ducado de Lorena, visto que era feudo imperial, e por conseguinte que Isabel, mulher de Renato, devia ser alijada dele. Todavia, o sr. De La Mothe, conselheiro do rei no Grande Conselho, mostrou-me que o duque da Baviera e vários outros caíram outrora em sucessão feminina. Mesmo assim, Renato de Anjou tinha um outro meio para se defender, a saber, que em matéria de feudos e servidões deve-se seguir o costume do feudo servil; ora, é certo que, pelo costume de Lorena, as filhas sucedem aos feudos.

Porém, seja como for, é certo que as marcas das monarquias senhoriais permaneceram na Alemanha e para o setentrião, mais que em outros lugares da Europa. Pois embora Guilherme, o Conquistador, ao conquistar o reino da Inglaterra pela força e pelas armas, não tenha apenas se proclamado senhor do reino, mas tenha mandado publicar que a senhoria e a propriedade de todos os bens móveis e imóveis dos súditos lhe pertenciam, não obstante ele se contentasse com a senhoria direta, fé e homenagem, deixando aos súditos a liberdade e a plena propriedade dos seus bens.

O imperador Carlos V erigiu-se em monarca senhorial do Peru

Porém, o imperador Carlos V, tendo colocado sob sua obediência o reino do Peru, erigiu-se em monarca senhorial com relação aos bens que os súditos só tinham mediante arrendamento, ou no máximo por toda a vida. Essa foi uma jogada política do doutor Lagasca, lugar-tenente do imperador no Peru, depois de ter derrotado os Pizarros, que tinham se apoderado do estado, para manter os súditos em maior obediência. É a mesma razão pela qual, num capítulo da lei de Maomé, é proibido a todas as pessoas de qualquer qualidade que sejam proclamarem-se senhoras de todo e qualquer modo, exceto o califa ou grande pontífice, sucessor de Maomé, que era o único monarca senhorial e dava aos Príncipes e senhores as senhorias em concessão, por tanto tempo quanto quisesse. Porém, pouco a pouco os otomanos, curdos e reis da África, por meio da divisão dos anticalifas, isentaram-se do seu poder e apoderaram-se das monarquias da Ásia e da África.

Aqui, talvez, dirá alguém que a monarquia senhorial é tirânica, visto que é diretamente contrária à lei da natureza, que conserva cada um na sua liberdade e na senhoria dos seus bens. A isso eu respondo que é de fato totalmente contrário à lei da natureza fazer de homens livres escravos e apoderar-se dos bens de outrem; porém, se o consentimento de todos os povos quis que aquilo que é adquirido por boa guerra seja próprio ao vencedor e que os vencidos sejam escravos dos vencedores, não se pode dizer que a monarquia assim estabelecida seja tirânica. Outrossim, lemos que Jacó, deixando a seus filhos em seu testamento uma terra que havia adquirido, diz que ela era sua porque ele a havia adquirido pela força das suas armas. Além do mais, a regra que quer que o direito da guerra não vigore onde há superior para fazer justiça (o que é praticado mesmo contra os maiores Príncipes e cidades imperiais da Alemanha, que são submetidos ao veto imperial caso não restituam o que pertence a outrem) mostra bem que, onde não há superior que comande, a força é reputada justa. De outra forma, se quisermos mesclar e confundir o estado senhorial com o estado tirânico, será preciso confessar que não há diferença entre o reto inimigo em feito de guerra e o ladrão, entre o Príncipe justo e o bandido, entre a guerra justamente declarada e a força injusta e violenta, que os antigos romanos chamavam de ladroagem e banditismo.

Também vemos que as tiranias são logo arruinadas, enquanto os estados senhoriais, e até as monarquias senhoriais, foram grandes e muito duráveis, como as antigas monarquias dos assírios, medos, persas, egípcios, e hoje a da Etiópia (que é a mais antiga monarquia de toda a Ásia e África), à qual são sujeitos como escravos cinquenta reis, se cremos em Paul Jove, que embora sendo reis se chamam todos escravos do grande Negus da Etiópia. E a razão pela qual a monarquia senhorial é mais durável que as outras é porque ela é mais augusta e os súditos só detêm a vida, os bens e a liberdade do Príncipe soberano, que as conquistou a justo título. Isso atrofia fortemente a coragem dos súditos, assim como o escravo, ao reconhecer a sua condição, torna-se humilde, covarde e, como se diz, tem o coração servil. Ao contrário, os homens que são francos e senhores dos bens, caso se queira escravizá-los ou tomar o que lhes pertence, ressentem-se e rebelam-se facilmente, por ter o coração generoso, nutrido de liberdade e não abastardado pela servidão. Eis o que se devia dizer sobre a monarquia senhorial. Falemos agora da monarquia real.

Capítulo III

Da monarquia real

O monarca real é aquele que se torna tão obediente às leis da natureza quanto ele deseja que seus súditos o sejam para com ele, deixando a liberdade natural e a propriedade dos bens a cada um. Acrescentei estas últimas palavras para fazer a diferença com o monarca senhorial, que pode ser um Príncipe justo e virtuoso, e governar seus súditos equanimemente, mas permanece, todavia, senhor das pessoas e dos bens. E se acontecer que o monarca senhorial, tendo justamente conquistado o país dos seus inimigos, coloque-os de volta em liberdade e propriedade de si e dos seus bens, de senhor ele se torna rei, e transforma a monarquia senhorial em real. Eis porque Plínio, o Jovem, disse a Trajano imperador: *Principis sedem obtines, ne sit domino locus*. Essa diferença foi bem observada pelos antigos persas[25], que chamavam Ciro, o Velho, de rei, Cambises de senhor e Dário de mercador, pois um se mostrou Príncipe brando e piedoso, o outro altivo e orgulhoso e o terceiro demasiado taxador e avaro. Até mesmo Aristóteles tinha advertido Alexandre, o Grande, para se comportar para com os gregos como pai, e para com os bárbaros como

---

[25] Heródoto.

senhor. Todavia, Alexandre não procedeu assim, pois quis que os gregos fossem julgados pela virtude e os bárbaros pelos vícios[26], e que a Terra toda fosse uma citandade, e seu campo a fortaleza da mesma.

Coloquei na nossa definição que os súditos eram obedientes ao monarca real para mostrar que somente nele reside a majestade soberana e que o rei deve obedecer às leis da natureza, quer dizer, governar seus súditos e guiar suas ações pela justiça natural, que se vê e se faz conhecer tão clara e reluzente quanto o esplendor do Sol.

As verdadeiras marcas de um grande rei

É, portanto, a verdadeira marca da monarquia real quando o Príncipe se torna tão brando e tão respeitoso das leis da natureza quanto deseja que seus súditos lhe sejam obedientes. O que ele fará, se temer a Deus acima de tudo, se for piedoso para com os aflitos, prudente nas empreitadas, ousado nos feitos, modesto na prosperidade, constante na adversidade, firme na sua palavra, sábio no seu conselho, atencioso com os súditos, prestativo com os amigos, terrível com os inimigos, cortês com as pessoas de bem, assustador aos malvados e justo com todos. Se, portanto, os súditos obedecerem às leis do rei e o rei às leis da natureza, a lei numa parte e na outra será senhora, ou então, como diz Píndaro, rainha. Pois seguir-se-á uma amizade mútua do rei para com os súditos, e obediência dos súditos para com o rei, com uma agradabilíssima e suave harmonia entre uns e outros, e entre todos e o rei. Eis porque essa monarquia deve se chamar real e legítima, seja porque:

I) o rei acedeu ao estado por direito sucessório, como todos os antigos reis, tal como Tucídides muito bem observou;

II) o reino foi transferido em virtude da lei, sem levar em consideração as filhas nem os varões descendentes delas, como se faz neste reino pela lei sálica;

III) o rei acedeu por eleição, como Aristóteles escreveu que se fazia nos tempos heroicos (no que, todavia, é contrário a Tucídides e à verdade das histórias) e como se faz em vários reinos do país setentrional;

IV) o reino foi dado em pura doação, como fez Augusto a Juba, o jovem, fazendo-o passar de escravo a rei da Numídia, que havia sido subjugada

---

[26] Plutarco, *Vida de Alexandre*.

por César na forma de província sujeita ao império romano, ou então como o reino de Nápoles e da Sicília foi dado a Carlos de França, e depois ainda a Luís de França, primeiro duque de Anjou;

V) o reino foi deixado em testamento, tal como os reis de Túnis, Fez e do Marrocos costumavam fazer, e como também foi praticado por Henrique VIII rei da Inglaterra, que deixou o reino ao seu filho Eduardo, e substituiu-o por Maria, e esta por Elizabete, que depois foi rainha, além do fato de que o testamento foi confirmado e ratificado pelo povo;

VI) o rei usurpou o estado através de ardis e trapaças, desde que reine com justiça, como Cécrops, Híeron, Gélon e Pisístrato, que usaram muito sabiamente seu poder, como diz Plutarco[27], e em nossa época Cosme de Médici;

VII) o reino foi atribuído pelo acaso, como aconteceu com Dário, um dos sete senhores da Pérsia, que foi rei porque seu cavalo relinchou em primeiro, assim como havia sido combinado, depois que foram mortos os magos, que haviam ocupado o reino;

VIII) o príncipe conquistou o reino pela força e pelas armas, a torto ou a direito, desde que governe equanimemente o reino por ele conquistado, como diz Tito Lívio do rei sérvio, *neque enim praeter vim quicquam ad ius regni habebat*, e todavia ele foi bom rei, como muitas vezes se viu um ladrão e bandido tornar-se um príncipe virtuoso, e uma tirania violenta transformar-se em justa realeza;

IX) o rei foi eleito pela sua nobreza, como Campson rei da Caramânia, eleito sultão do Egito pelos mamelucos, e Carlos de França, irmão de São Luís, que o papa enviou aos florentinos, que pediam um príncipe de sangue real, e os viscondes Danglerie pela sua nobreza foram eleitos senhores de Milão, ainda que fossem estrangeiros;

X) o príncipe foi eleito pela sua nobreza e justiça, como Numa, ou pela sua velhice, como os antigos árabes elegiam o mais velho, diz Diodoro, e os taprobanos[28], como diz Plínio, ou pela sua força, como Maximino, ou pela sua beleza, como Heliogábalo, ou pela sua grandeza, como se fazia na Etiópia, ou por beber melhor, como na Cítia, diz Aristóteles[29].

---

27 No livro *De sera numinis vindicta*.
28 [N.T.:] antigos habitantes do Ceilão, hoje Sri Lanka.
29 Na *Política*.

Deixo de lado a definição do rei fornecida por Aristóteles[30], pois ele diz que o rei é aquele que é eleito e que comanda o desejo dos súditos. Em outro lugar ele diz que o rei se torna tirano ao comandar, por pouco que seja, contra a vontade dos súditos. Tais definições são não somente sem fundamento, mas também perniciosas. Que elas são falsas fica evidente, ainda mais porque o título real, que implica a majestade e o poder soberano, como mostramos, seria incompatível com as mesmas, visto que o rei não teria o poder de dar a lei aos súditos, mas, ao contrário, ele seria constrangido por eles a receber a lei. Os mais justos Príncipes do mundo seriam tiranos, e ademais não se encontraria um único rei. Para ser breve, o rei seria apenas um simples magistrado. Todas essas são coisas impossíveis, e também impertinentes, como o que diz o mesmo Aristóteles, que os povos são bárbaros onde os reis acedem por sucessão, visto que o seu próprio rei, Alexandre, o Grande, era destes descendente em linha reta do sangue de Hércules[31] e por direito sucessório herdeiro da coroa da Macedônia, como também todos os reis de Esparta. Seria preciso admitir que todos os reis da Ásia e do Egito eram bárbaros, dos quais, todavia, é certo[32] que a humanidade, a cortesia, a doutrina, as belas ciências e a fonte das leis e das Repúblicas se originam, e só haveria Aristóteles e um punhado de gregos que fossem bárbaros. Mostraremos com evidência, em seu lugar, que não há nada mais perigoso para um estado que pôr os reis em eleição. Ademais, Aristóteles também se enganou ao dizer que há quatro espécies de rei[33], pois em seu discurso se encontram cinco de fato.

Opinião de Aristóteles acerca dos reis

O primeiro ele chama de voluntário, como eram os antigos reis dos tempos heroicos, que faziam função de juiz, capitão e sacrificador. O segundo, diz ele, é próprio dos povos bárbaros, entre os quais o rei acede por direito sucessório. O terceiro é instituído por eleição. O quarto, que é próprio dos lacedemônios, é capitão-em-chefe por sucessão de pai para filho. O quinto

---

30 *República* liv. 3.
31 Plutarco, *Alexandre* 241.
32 Cícero, *Epistola I ad Quintum fratrem*; Teodoreto de Ciro, *De Graecorum affectionum curatione*; Josefo, *Contra Ápio*.
33 *República* liv. 3 cap. 3.

é senhorial, como o chefe da casa é senhor de seus escravos e de seus bens. Eis o que ele diz.

Quanto à primeira espécie de rei, encontramos de fato que eles faziam função de juiz, capitão e sacrificador, mas não se encontra um que seja voluntário antes de Pítaco, rei de Corinto, e Timondas, rei de Negroponte[34]. Ao contrário, Plutarco diz que os primeiros senhores não tinham nenhum ponto de honra diante de si além de forçar os homens e mantê-los em sujeição como escravos, o que a Escritura Sagrada nos certifica acerca do primeiro monarca senhorial, Nemrod. Eles deixavam o principado aos seus filhos por direito sucessório, como diz Tucídides.

Os antigos reis acediam por direito sucessório

Isso é muito bem verificado pela sequência de um grande número de reis dos assírios, medos, persas, hindus, egípcios, hebreus, lacedemônios, macedônios, siciônios, epirotas e atenienses. Quando as linhagens se interrompiam, parte dos povos procedia por eleição; outros usurparam o estado pela força; e outros se mantiveram em senhorias aristocráticas e populares, como se verifica em Heródoto, Tucídides, Plutarco, Josefo, Xenofonte e outros historiadores hebreus, gregos e latinos. Isso basta para convencer-nos do erro da opinião de Aristóteles.

Quanto àqueles que ele chama de reis da Lacedemônia porque eram capitães-em-chefe hereditários, mostrei acima que o poder real é inseparável da majestade e que os reis da Lacedemônia eram apenas simples senadores, sujeitos à senhoria e aos magistrados menores. Acrescente-se que eles não eram capitães-em-chefe por direito sucessório, pois com frequência a senhoria dava esse cargo a outros cidadãos, como Lisandro, Gilipo e Calicrátidas, que ocuparam o cargo de capitães-em-chefe quando os reis foram alijados. E embora Agesilau tenha sido um dos reis, ele não ousou tomar o cargo de capitão-em-chefe sem que a senhoria assim tivesse ordenado, como diz Plutarco em sua biografia.

Mesmo que tivessem sido capitães-em-chefe, isso não implica o poder real, não mais que os capitães-em-chefe dos aqueus, que acediam por eleição, visto que estes eram sujeitos aos estados dos aqueus, que os puniam, como

---

[34] [N.T.:] a ilha de Eubeia.

fizeram com Demócrito, capitão-em-chefe, que condenaram a trinta mil escudos de multa, como lemos em Pausânias. Também os éforos condenavam os reis a pagar multa, e às vezes a perder a vida, como dissemos acima. Portanto, não se deve colocá-los no grau de reis, não mais que aquele que é monarca senhorial, senhor das pessoas e dos bens, que tem sua própria diferença, separada do monarca real.

Quanto à terceira espécie de rei, que ele diz ser por eleição, isso não constitui diferença alguma de reis, não mais que a segunda, que ele diz ser por sucessão. De outra forma, ele deveria, segundo o mesmo critério, colocar uma sexta espécie de rei, que é instituída por sorteio, como foi o primeiro Dário, e uma sétima por doação, e a oitava por testamento, e a nona por trapaças e ardis, e a décima pela força, e subsequentemente as outras de modo semelhante. Isso levaria a instituir uma infinidade de espécies de reis, os quais, não obstante, estão todos compreendidos numa única espécie. Pois a diferença dos monarcas não deve ser tomada pelo meio de aceder ao estado, mas pelo modo do governo, que se divide em três espécies, a saber: senhorial, real e tirânico.

Porém, quanto à terceira espécie de rei que Aristóteles propôs e exemplificou para restabelecer o estado, colocar tudo em ordem, corrigir os costumes e depois abandonar o cargo, não há motivo para chamá-los de reis se não são outra coisa senão simples comissários. Como os ditadores em Roma, aos quais Dionísio de Halicarnasso[35] compara os arques na República dos tessálios, os cosmos na Lacedemônia e os esimnetas em Mitilene, que tinham cargo semelhante aos bailios de Florença quando a República era popular, a saber, que o Grande Conselho do povo elegia oito ou dez personagens entre os mais entendidos em negócios para restabelecer o estado, para recolocar em ordem aquilo que, por decurso de tempo, havia caído em desordem e para organizar as finanças e a nomeação dos oficiais. Isso feito, eles renunciavam ao seu cargo, assim como os dez comissários que foram eleitos em Roma para corrigir os costumes e que se deveria, segundo esse critério, no dizer de Aristóteles, chamar também de reis, coisa que seria absurda. Pois a qualidade de magistrado, e menos ainda a de comissário, nada tem em comum com a majestade soberana de um rei.

---

[35] Liv. 2.

Por isso, o nome de rei não pode convir senão àquele que é absolutamente soberano, embora César, nas suas memórias, diga que os habitantes de Autun elegiam todos os anos um magistrado com poder real, todavia isso era dito impropriamente. Ademais, os governadores dos países e províncias conquistados por Alexandre, o Grande, somente após a morte dele foram soberanos, e o foram por muito tempo até ousar chamarem-se reis[36]. O primeiro que começou foi Antígono, depois da vitória que obteve contra Ptolomeu, primeiro do nome. Então ele tomou o diadema ou tiara real e colocou entre os seus títulos o nome de βασιλεύς, quer dizer, rei. Logo depois os egípcios também chamaram Ptolomeu de rei, e por inveja as províncias da alta Ásia e os trácios chamaram Seleuco e Lisímaco de reis. E sem ir tão longe, os antigos reis de Lorena e de Borgonha, assim que prestaram fé e homenagem aos imperadores da Alemanha, perderam a qualidade de reis e se chamaram duques. Mostramos acima que aquele que detém em fé e homenagem de outrem não pode ser rei nem soberano. Como diz um poeta[37], *Qui rex est, Regem Maxime non habeat*.

Marcas reais

Pois o nome de rei sempre foi augusto, e o mais honrado que o Príncipe soberano possa ter. Por esse motivo as vestes, as marcas, os sinais dos reis sempre foram particulares e não comunicáveis, como antigamente a tiara real e o cetro. E não houve coisa que tornasse a majestade dos reis de Roma tão venerável quanto os ornamentos reais que Tarquínio, o Prisco, trouxe dos antigos reis da Etrúria, como lemos nas histórias. Mesmo entre os romanos, embora tivessem transformado o poder real em popular, o senado Romano tinha o costume de enviar aos reis as marcas reais, a saber o diadema ou a coroa de ouro, o cálice de ouro, o cetro de marfim e às vezes a toga púrpura bordada de ouro e a sela de marfim, tal como lemos nos historiadores[38]. E, no registro do papa Gregório VII, lê-se que Demétrio foi erigido rei da Croácia e Esclavônia pelo cetro, a coroa e a flâmula.

Os papas e imperadores distribuíram amiúde esses belos títulos de reis, ainda que não tivessem poder algum para fazê-lo, não mais que o imperador

---

36 Plutarco, *Demétrio*.
37 Marcial.
38 Tácito liv. 2 e 4; Apiano, Lívio, Valério Máximo.

Anastásio, que enviou os ornamentos consulares e o título de Augusto ao rei de França Clóvis, que os recebeu na cidade de Tours, como diz Aymon, e Justiniano, que deu o título de Patrício ao rei Childeberto, não que quisesse fazer dele mais rei do que era, mas para dar sua ordem a um grande rei, assim como fazem hoje os reis uns aos outros. Também o imperador Frederico I enviou a Pedro, senhor da Dinamarca, a espada e a coroa, com a qualidade de rei, que era qualidade contrária ao efeito, haja vista que ele havia se tornado vassalo do Império[39] e prestado fé e homenagem ao Imperador pelo reino da Dinamarca, prometendo e obrigando tanto ele como seus sucessores a deter o reino do Império na seguinte forma: REX DANORUM MAGNUS SE IN POTESTATEM IMPERATOREM TRADIDIT, OBSIDES DEDIT, JURAMENTUM FECIT SE, SUCCESSORESQUE SUOS NONNISI IMPERATORIS ET SUCCESSORUM EJUS PERMISSU, REGNUM ADEPTUROS. Mas essa qualidade trouxe um prejuízo irreparável ao Império, pois pouco a pouco eles se isentaram da sujeição ao Império.

Foi por isso que o duque da Áustria, que também foi chamado de rei pelo mesmo Frederico (sem prejuízo dos direitos do Império, da fé e homenagem, da alçada e soberania), quando também quis se separar do soberano, recusando-se a obedecer aos estados do Império, doze anos depois foi privado da qualidade e do título reais. Pela mesma falta cometida por Henrique, rei da Inglaterra, filho de Guilherme, o Conquistador, ao mandar coroar e chamar de rei da Inglaterra, enquanto ainda vivia, seu filho primogênito Henrique, logo depois o filho quis se igualar ao pai e manejar os negócios, de modo que pai e filho entraram em querelas e facções, que sem dúvida teriam arruinado o estado se o filho não tivesse morrido primeiro. O mesmo se viu neste reino, no começo do reinado de Capeto, que, para assegurar o estado a seu filho Roberto, e Roberto a Henrique, e este a Felipe, mandavam coroá-los e chamá-los de reis. Em caso semelhante, Changuis, primeiro rei da Tartária, eleito pelos súditos, mandou coroar Hocota, seu filho primogênito, enquanto ainda vivia. Mas isso traz consequências perigosas se o novo rei for ambicioso (pois continuamos considerando o Sol nascente[40]) ou se não for dotado de

---

39 Trithemius cap. 17.
40 [N.T.:] Ou seja, Bodin segue comentando os exemplos das monarquias asiáticas.

um reino, como fez Seleuco, o qual, tendo mandado coroar e chamar de rei seu filho Antíoco, na mesma ocasião também o dotou do reino da alta Ásia[41].

Ou então o reino é eletivo, como são os da Polônia, Dinamarca e Suécia, onde os reis enquanto ainda vivem mandam eleger seus filhos ou aqueles que querem ter como sucessores, e fazem com que os Príncipes e senhores do país lhes prestem juramento de fidelidade. Como Gustavo, rei da Suécia, que, tendo usurpado o estado dos reis da Dinamarca, fez eleger Henrique seu filho, e Frederico, hoje rei da Dinamarca, foi eleito rei no ano de 1556, dois anos antes da morte do seu pai, o qual, por suspeitar que seus tios João e Adolfo quisessem realizar depois da sua morte uma nova eleição, solicitou auxílio ao rei da França através do sr. Danzai, embaixador de França, e depois enviou à França um embaixador no intuito de acompanhar os eventos e recebê-lo sob sua proteção. Assim faziam e ainda fazem em parte os reis do Marrocos, de Fez e de Túnis, como lemos em Leão d'África. E de nossa memória Ferdinando de Áustria, enquanto vivia, fez eleger e coroar Maximiliano rei da Hungria e da Boêmia, e depois de pouco tempo Maximiliano fez o mesmo com seu filho Ernesto. Sigismundo Augusto também quis nomear um sucessor rei da Polônia, mas foi impedido pelos estados, pois, embora fosse o meio mais seguro para evitar as sedições, era de se temer que o direito de eleição passasse com força de sucessão. Foi assim que se viu o Império na casa de Áustria continuar por uma longa sequência de tais prevenções, e o reino da Noruega tornar-se hereditário, ou até sujeito à sujeição pelas mulheres, e por essa causa pretendido pela viúva de Lorena e a condessa palatina, filhas de Cristiano, rei da Dinamarca, que afirmaram que Margarida de Wolmar, por direito sucessório, fora rainha dos três reinos, Noruega, Suécia e Dinamarca.

Eis o que se devia dizer da monarquia real. Falemos da terceira, que é a monarquia tirânica.

---

[41] Plutarco, *Demétrio*.

Capítulo IV

Da monarquia tirânica

A monarquia tirânica é aquela na qual o monarca, ao espezinhar as leis da natureza, abusa da liberdade dos súditos francos como de seus escravos, e dos bens de outrem como dos seus.

A propriedade da palavra "tirano" era honrável antigamente

A palavra "tirano", que é grega, em sua propriedade era honrável e não significava outra coisa antigamente senão o Príncipe que tinha se apoderado do estado sem o consentimento dos seus cidadãos, e de companheiro tinha se tornado senhor. Esse se chamava tirano, mesmo que fosse Príncipe muito sábio e justo. Assim, Platão, ao escrever a Dionísio, o tirano, lhe confere essa qualidade por honra: "Platão saúda Dionísio, o tirano", e a resposta: "Dionísio, o tirano, saúda Platão". E para mostrar que a palavra "tirano" era atribuída tanto ao Príncipe justo quanto ao mau, aparece com evidência no fato que

Pítaco e Periandro, que foram estimados entre os Sete Sábios da Grécia, eram chamados de tiranos, tendo usurpado o estado do seu país.

No entanto, aqueles que por força ou por ardil tinham invadido a soberania, vendo que sua vida estava exposta à mercê dos seus inimigos, foram compelidos, para a segurança de sua vida e dos seus bens, a ter guardas estrangeiros em torno de suas pessoas, e pesada guarnição nas fortalezas, e para remunerá-los e mantê-los tiveram de cobrar pesados tributos e impostos. Vendo que sua vida não podia ser assegurada, porque tinham amigos pobres e inimigos poderosos, eles mandavam matar ou baniam estes para enriquecer aqueles, e os mais desesperados apoderavam-se, além dos bens, das mulheres e crianças. Isso fez com que os tiranos fossem extremamente detestados e malquistos.

Por conseguinte, lemos[42] que Dionísio, o Velho, tirano de uma parte da Sicília, tinha sempre dez mil soldados para a sua guarda e dez mil homens a cavalo, além de quatrocentas galeras armadas e equipadas. Mesmo assim, ele não conseguia conter os poucos súditos que tinha sujeitado, e os proibia de reunirem-se e de comerem juntos, por mais que tivessem laços de parentesco, e permitia roubar e despojar aqueles que fossem encontrados voltando para casa depois do jantar. Não obstante, Plutarco admite que ele foi um bom Príncipe e que ele ultrapassou em justiça e virtude vários Príncipes que foram chamados de reis.

Por isso, não devemos nos deter muito nas qualidades que os Príncipes se atribuem, pois sempre se viu que os mais malvados e detestáveis tomaram os lemas mais belos e os títulos mais divinos. É verdade que os súditos geralmente zombam desses belos títulos e dão outros bem picantes por ironia, como os três Ptolomeus, reis do Egito, dos quais um mandou matar o irmão, o outro a mãe e o terceiro o pai; os súditos os chamaram, por zombaria, Filadelfo, Filometor e Filopator. Também aconteceu que os cargos e ofícios mais sagrados foram abomináveis por causa da maldade daqueles que deles abusaram, como o título real provocava horror nos romanos por causa de Tarquínio, o Soberbo, e o nome de ditador por causa de Sula, e o de gonfaloneiro em Florença por causa de Francesco Valori. O mesmo ocorre com o tirano.

Ora, pode acontecer que um mesmo Príncipe seja monarca senhorial de alguns súditos, real de uns e tirano de outros, ou então que tiranize os ricos

---

[42] Plutarco na *Vida de Dionísio*.

e nobres e favoreça o povo miúdo. Entre as tiranias existem várias espécies e vários graus, de mais ou menos. E assim como não há Príncipe tão bom que não tenha algum vício notável, também se vê que não se pode encontrar tirano tão cruel que não tenha alguma virtude ou alguma coisa louvável. Por conseguinte, é exemplo péssimo e muito perigoso fazer julgamento sinistro de um Príncipe quem não conhece bem suas ações e seus comportamentos e não sopesou sabiamente seus vícios e virtudes, seus feitos heroicos e maldades capitais, à maneira dos persas, que não davam sentença de condenação se o acusado não fosse indiciado e convicto de ter feito mais mal do que bem[43].

Eis porque colocaremos em contrapeso as duas extremidades de um rei bom e justo contra um tirano detestável a fim de que a diferença seja melhor percebida. Quando digo um rei bom e justo, pretendo falar popularmente, e não de um Príncipe coberto de virtudes heroicas ou de um modelo de sabedoria, justiça e piedade, sem desabono nem vício algum, pois as perfeições são muito raras. Mas chamo rei bom e justo aquele que envida todos os seus esforços para ser assim, e que está disposto a empregar seus bens, seu sangue e sua vida pelo seu povo. Como os reis Codro e Décio, os quais, tendo sido advertidos de que a vitória dependia da sua morte, de repente sacrificaram sua vida. E acima de todos Moisés, que Fílon chama de sábio legislador, justo rei e grande profeta, que rogou a Deus que antes riscasse seu nome do livro da vida do que não perdoasse o seu povo, preferindo ser danado a ver seu povo perecer. Esse era realmente um gesto de um Príncipe piedoso e de um verdadeiro pai do povo.

Diferença entre o rei e o tirano

Ora, a mais nobre diferença entre o rei e o tirano é que o rei se conforma com as leis da natureza e o tirano as espezinha. Um entretém a piedade, a justiça e a fé, o outro não tem nem Deus, nem fé, nem lei. Um faz tudo aquilo que ele julga servir ao bem público e à tutela dos súditos, o outro só age para o seu proveito particular, vingança ou prazer. Um se esforça para enriquecer seus súditos, por todos os meios que consegue imaginar, o outro só ergue sua casa com a ruína daqueles. Um vinga as injúrias do público e perdoa as suas, o outro vinga cruelmente suas injúrias e perdoa as de outrem. Um poupa a honra

---

[43] Diodoro liv. 1 e 15.

das mulheres pudicas, o outro triunfa sobre sua vergonha. Um toma prazer em ser aconselhado em toda liberdade e sabiamente repreendido quando agiu errado, o outro não tem desgosto maior que homem grave, livre e virtuoso. Um se esforça para manter os súditos em paz e união, o outro sempre instaura a divisão entre eles, para arruiná-los uns pelos outros e engordar os seus confiscos. Um toma prazer em ser visto às vezes e ouvido por seus súditos, o outro sempre se esconde deles como de seus inimigos. Um faz questão do amor do seu povo, o outro do medo. Um só teme pelos seus súditos, o outro não teme nada mais do que eles. Um só taxa os seus o mínimo que pode, e pela necessidade pública, o outro aspira o sangue, rói os ossos e suga o tutano dos súditos para enfraquecê-los. Um procura as pessoas de bem para empregá-las nos cargos públicos, o outro só emprega os ladrões e os mais malvados para servir-se deles como esponjas. Um dá os estados e ofícios para obviar as concussões e a multidão do povo, o outro os vende tão caro quanto pode para lhes dar meio de enfraquecer o povo por roubos e depois cortar a garganta dos ladrões, para ser reputado bom justiceiro. Um mede seus modos e maneiras ao pé das leis, o outro faz com que as leis sirvam aos seus modos. Um é amado e adorado por todos os seus súditos, o outro os odeia todos e é odiado por todos. Um recorre na guerra somente aos seus súditos, o outro faz a guerra somente a estes. Um tem guarda e guarnição apenas dos seus, o outro apenas de estrangeiros. Um goza de repouso assegurado e alta tranquilidade, o outro padece em temor perpétuo. Um espera a vida bem-aventurada, o outro não pode evitar o suplício eterno. Um é honrado em vida e desejado após a morte, o outro é difamado em vida e dilacerado após a morte.

Não é necessário verificar isso por muitos exemplos, que estão à vista de qualquer um. Pois encontramos nas histórias que a tirania foi tão detestável que não houve, até mesmo entre os escolares e as mulheres, quem não tenha querido ganhar o prêmio de honra por matar os tiranos, como fez Aristóteles, aquele que era chamado de Dialético, que matou um tirano de Sícion, e Tebe, que matou seu marido Alexandre, tirano dos fereus.

Carnificina dos tiranos

Pensar que o tirano possa se garantir pela força é um engano. Pois quem era mais forte que os imperadores romanos? Eles possuíam quarenta legiões ordinárias e duas ou três em torno de sua pessoa, e todavia nunca se viu um número tão grande de assassinados em qualquer outra República, e os próprios capitães da guarda frequentemente os mataram, como Querea fez com Calígula e os mamelucos com os sultões do Egito.

Mas quem quiser ver com os próprios olhos o fim miserável dos tiranos só precisa ler as biografias de Timoleonte e de Arato, nas quais se verá os tiranos arrancados do ninho da tirania e em seguida despojados totalmente nus e vergastados até a morte, na presença da juventude e de suas mulheres, crianças e agregados, surrados e arrastados até as cloacas. Além disso, as estátuas daquelas que morreram na tirania foram acusadas e condenadas publicamente, depois executadas pelos carrascos, os ossos desenterrados e jogados nos esgotos. Os asseclas dos tiranos foram desmembrados e arrastados com todas as crueldades que um povo ávido por vingança pode imaginar, seus éditos foram lacerados, seus castelos e construções suntuosas arrasadas de cima a baixo, e sua memória condenada à infâmia perpétua, por julgamentos e livros impressos, para servir de exemplo a todos os Príncipes, a fim de que tenham abominação por tais pestes tão perigosas e tão perniciosas para o gênero humano.

É verdade que sempre houve alguns tiranos que não careceram de historiadores aduladores à sua solda, mas aconteceu, depois de sua morte, que suas histórias foram queimadas e suprimidas, e a verdade trazida a lume, muitas vezes com amplificação, de modo que não resta um único livro de elogio a um único tirano, por maior e mais poderoso que tenha sido. Isso enfurece os tiranos, os quais geralmente queimam de ambição, como Nero, Domiciano e Calígula. Pois embora tenham má opinião da imortalidade das almas, contudo, enquanto vivem, já sofrem a infâmia que bem sabem que será lançada sobre eles após sua morte. Disso se queixava muito o imperador Tibério, e Nero mais ainda, pois desejou que, quando morresse, o céu e a terra fossem consumidos pelas chamas e que pudesse vê-lo[44]. Por esse motivo, Demétrio, o Sitiador, gratificou os atenienses e empreendeu a guerra pelos seus direitos e liberdades, a fim de ser honrado pelos seus escritos, bem sabendo que a cidade de Atenas era como um farol da Terra inteira, o qual imediatamente faria reluzir pelo mundo todo a glória dos seus feitos, como um fogareiro que

---

44 Suetônio, *Nero*.

arde no topo de uma torre alta. Porém, tão logo ele se entregou aos vícios e vilanias, nunca tirano foi mais vilipendiado.

Ainda que os tiranos não tivessem consideração nenhuma pelo que se dissesse, mesmo assim sua vida é a mais miserável do mundo, pois vivem em temor e sobressalto perpétuos, que os ameaçam sem cessar e os agulham vivamente, pondo seu estado e sua vida sempre em tumulto. Pois é impossível que aquele que teme e odeia seus súditos, e é também temido e odiado por todos, possa tê-la longa. E por menos que seja atacado pelos estrangeiros, de repente os seus o perseguem, pois mesmo os tiranos não têm confiança alguma nos seus amigos, com os quais, no mais das vezes, são traiçoeiros e desleais. Como lemos dos imperadores Nero, Cômodo e Caracala, que mataram os mais fiéis e leais servidores que tinham. E às vezes o povo todo numa mesma fúria persegue o tirano, como fez com Fálaris, Heliogábalo, Alceto tirano dos epirotas, Andrônico imperador de Constantinopla, que foi despojado e montado totalmente nu sobre um asno para receber todas as contumélias que era possível, antes de ser morto. Ou então eles mesmos apressam sua morte, como o imperador Caracala, que ordenou ao astrólogo Maternus que lhe escrevesse quem poderia ser imperador; o adivinho lhe respondeu que era Macrino, ao qual por fortuna a carta foi endereçada, e logo em seguida este mandou matar Caracala para evitar o que lhe estava reservado. E Cômodo, tendo escapado ao golpe de punhal de um assassino (que disse, antes de golpeá-lo, "O senado te manda isto"), fez um rol daqueles que queria mandar matar, no qual sua amásia estava inscrita, e como o rol caiu nas mãos dela ela se apressou em mandá-lo matar. Todas as histórias antigas estão repletas de exemplos semelhantes, que bastam para mostrar que a vida dos tiranos é sempre assediada por milhares de desgraças inevitáveis.

O governo do monarca real é totalmente contrário ao tirânico, pois o rei é tão unido com seus súditos que eles empregam de bom grado seus bens, seu sangue e sua vida pela tutela e defesa do seu estado, da sua honra e da sua vida. E depois da sua morte não cessam de escrever, cantar e publicar suas loas, e amplificá-las tanto quanto podem, como vemos em Xenofonte o retrato ao natural de um grande e virtuoso Príncipe na pessoa de Ciro, no qual ele amplificou muito suas loas para dar exemplo aos outros Príncipes que se conformassem com este.

Virtudes heroicas de Cipião o Africano

Como de fato aconteceu com Cipião, o Africano, o qual, tendo sempre diante dos olhos e entre as mãos a *Ciropédia* de Xenofonte, ultrapassou em virtude, honra e proeza todos os reis e Príncipes de sua época e que haviam existido antes dele, de modo que os corsários, sabendo que ele estava em sua casa longe da cidade, cercaram-no; e como ele preparava as defesas para repeli-los, eles depuseram as armas, assegurando-lhe que só tinham ido ali para vê-lo e adorá-lo, como fizeram. Se a luz e o esplendor da virtude de um tal Príncipe de fato atraiu e arrebatou os ladrões e corsários em admiração, quanta força deve ter junto aos bons súditos? E qual é o Príncipe tão estúpido que não seja tomado de alegria ao ouvir dizer que Menandro rei dos báctrios foi tão amado pelos seus pela sua justiça e virtude que, depois da sua morte, as cidades entraram em grandes debates para saber qual teria a honra da sua sepultura? Para apaziguá-las, foi acordado que cada uma faria uma sepultura.

Elogio mais que divino de Trajano

Qual é o Príncipe tão mau que não arda de vontade e de inveja ao ler o panegírico do imperador Trajano? Pois Plínio, após tê-lo alçado aos céus, conclui assim: "Que a maior bem-aventurança que possa acontecer ao Império é que os deuses tomem exemplo na vida de Trajano." Qual é o tirano tão cruel, por mais que tenha boa aparência, que não deseja ardentemente a honra que recebeu o rei Agesilau, que foi condenado pelos éforos a pagar multa por ter conquistado o coração e ganho sozinho o amor de todos os seus cidadãos? Qual é o rei que não deseja o epíteto de Aristides, o Justo? É o título mais divino, mais real que um Príncipe possa adquirir, ao invés do que fazem muitos que são chamados de conquistadores, sitiadores, fulminadores. Ao contrário, quando lemos as crueldades horríveis de Fálaris, Busíris, Nero e Calígula, quem é que não se comoveu de justa indignação contra eles?

Eis as diferenças mais notáveis entre o rei e o tirano, que não são difíceis de conhecer entre as duas extremidades de um rei muito justo e um tirano muito mau. Mas não é tão fácil de julgar quando um Príncipe tem algo do bom rei e do tirano. Pois o tempo, os lugares, as pessoas e as ocasiões que se apresentam obrigam muitas vezes os Príncipes a fazer coisas que parecem tirânicas para uns e louváveis para outros. Diremos em seguida como o governo deve ser diferente segundo a diferença dos povos. Basta por enquanto ter abordado esse assunto, a fim de que não se meça a tirania pela severidade que é muito necessária para um Príncipe, ou para os guardas e fortalezas, ou para a majestade dos comandos imperiais, que são mais desejáveis que os rogos suaves dos tiranos, que trazem consigo uma força inevitável.

Decisão notável para as obrigações do rei e do tirano

Eis porque, em termos de direito, aquele que se comprometeu com o rogo de um tirano é sempre liberado, e se ele se obriga pelo comando de um bom Príncipe não pode ser dispensado. E não se deve chamar de tirania os assassinatos, banimentos, confiscos e outras execuções ou feitos de armas que ocorrem nas mudanças de República ou no restabelecimento das mesmas, pois nunca se fez e não pode ser feito de outro modo quando a mudança é violenta, como se viu no triunvirato, e frequentemente nas eleições de vários imperadores. Também não se deve chamar de tirania quando Cosme de Médici, depois do assassinato cometido contra a pessoa de Alexandre duque de Florença, erigiu cidadelas, cercou-se de guardas estrangeiros e taxou os súditos com tributos e impostos, pois era necessário tal remédio para uma República ulcerada por tantas sedições e rebeliões, e para um povo desenfreado e transbordante de tanta licenciosidade, que fez mil conjurações contra o novo duque, o qual levava o nome de um dos mais sábios e virtuosos Príncipes do seu tempo. Ao contrário, acontece com frequência que, por causa da mansuetude de um Príncipe, a República seja arruinada, e devido à crueldade de outro seja reerguida. Bem se sabe o quanto a tirania de Domiciano foi terrível para o senado, a nobreza, os grandes senhores e os governadores do Império Romano. Todavia, após a sua morte os povos e províncias o louvaram com fervor[45], porque nunca se tinha visto oficiais e magistrados mais íntegros do que na sua época, de tanto temor e pavor que tinham.

---

[45] Suetônio, *Domiciano*.

O rigor e a severidade de um Príncipe são mais úteis que a bondade excessiva

Pois a tirania pode ser de um Príncipe para com um povo furioso, para mantê-lo na rédea com um freio forte e rígido, como se faz na mudança de um estado popular para a monarquia. Isso não é tirania, mas, pelo contrário, Cícero chama de tirania a licenciosidade do populacho desenfreado. A tirania também pode ser de um Príncipe contra os grandes senhores, como sempre ocorre nas mudanças violentas de aristocracia para monarquia, quando o novo Príncipe mata, bane e confisca os maiores; ou então de um Príncipe necessitado e pobre, que não sabe onde tomar dinheiro e muitas vezes dirige-se aos ricos, seja com razão ou sem; ou então o Príncipe quer libertar o povo miúdo da servidão dos nobres e ricos, para obter pelo mesmo meio os bens dos ricos e o favor dos pobres.

Ora, de todos os tiranos não há nenhum menos detestável do que aquele que se apega aos grandes, espargindo o sangue do povo pobre. E enganam-se muito aqueles que louvam e adoram a bondade de um Príncipe suave, gracioso, cortês e simples, pois tal simplicidade sem prudência é perigosíssima e perniciosa num rei, e muito mais temível que a crueldade de um Príncipe severo, pesaroso, amargurado, avaro e inacessível. Parece que nossos pais antigos não disseram à toa este provérbio: "Homem mau dá bom rei", que pode parecer estranho para os ouvidos delicados, que não estão acostumados a sopesar na balança as razões de um lado e de outro. Por causa da tolerância e simplicidade parva de um Príncipe demasiado bom, acontece que os aduladores, os asseclas e os mais malvados consigam os ofícios, cargos, benefícios e dons, esgotando as finanças do estado. E por esse meio o povo pobre é roído até os ossos e cruelmente sujeitado aos maiores, de modo que, para um tirano, aparecem dez mil. Também decorre dessa bondade demasiado grande uma impunidade dos malvados, dos assassinos, dos lesionadores, pois o rei tão bom e tão liberal não poderia recusar uma graça. Em suma, sob um tal Príncipe o bem público se torna particular e todos os encargos recaem sobre o povo pobre, tal como se vê os catarros e fluxões num corpo franzino e doentio recaírem sempre sobre as partes mais fracas.

Pode-se verificar o que eu disse por infinitos exemplos, tanto dos gregos como dos latinos, mas não procurarei em outra parte senão neste reino, que foi o mais miserável que já existiu durante o reinado de Carlos, apelidado o Simples, e de um Carlos, o Preguiçoso. Também o vimos grande, rico e florescente em armas e em leis no final do reinado de Francisco I, quando este se tornou pesaroso e inacessível e ninguém ousava aproximar-se dele para pedir algo. Naquela época, os estados, ofícios e benefícios eram dados somente pelo mérito das pessoas de honra, e os dons eram tão reduzidos que se encontrou no tesouro, quando ele morreu, um milhão em ouro e setecentos mil escudos, além do quartel de março por receber, sem que nada fosse devido a não ser muito pouca coisa aos senhores das ligas e ao banco de Lyon, que não se queria pagar para mantê-los em dívida; a paz estava assegurada com todos os Príncipes da Terra, as fronteiras estendidas até as portas de Milão, o reino repleto de grandes capitães e dos homens mais sábios do mundo. Viu-se depois, nos doze anos em que reinou o rei Henrique II (cuja bondade era tão grande que jamais houve igual em Príncipe da sua época), o estado quase todo alterado, pois, como ele era dócil, gracioso e piedoso, não podia recusar nada a ninguém. Assim, esgotadas em poucos meses as finanças do pai, colocou-se mais do que nunca os estados à venda e os benefícios foram dados sem respeito; as magistraturas foram entregues a quem mais oferecia, e por conseguinte aos mais indignos, e os impostos tornaram-se maiores do que jamais haviam sido antes. Portanto, quando ele morreu o estado das finanças da França encontrava-se gravado em quarenta e dois milhões, depois de ter perdido o Piemonte, a Saboia, a ilha da Córsega e as fronteiras do país baixo, embora tais perdas fossem pequenas no que toca à reputação e à honra.

Se a mansuetude desse grande rei tivesse sido acompanhada de severidade, sua bondade mesclada ao rigor, sua facilidade à austeridade, não se teria tão facilmente tirado dele tudo o que se quisesse. Dir-me-ão que é difícil encontrar esse meio-termo entre os homens, e menos ainda entre os Príncipes, que são, no mais das vezes, pressionados por paixões violentas, puxando para uma extremidade ou para outra. É verdade que o meio de virtude cercado de vários vícios, como a linha reta entre um milhão de curvas, é difícil de encontrar. Todavia, é mais conveniente para o povo e para a conservação do estado ter um Príncipe rigoroso e severo do que demasiado dócil e fácil. A bondade do imperador Pertinax e a juventude enfurecida de Heliogábalo haviam levado o Império Romano a um dedo de sua queda quando os imperadores Severo, o Africano, e Alexandre Severo Suriano restabeleceram-no, através de uma severidade rígida e uma imperial austeridade, ao seu primeiro esplendor e majestade, com um maravilhoso contentamento dos povos e dos Príncipes.

Assim se pode compreender o antigo provérbio que diz: "Homem mau dá bom rei", que é bem compreendido se tomadas com propriedade as palavras, que significam não somente um natural austero e rigoroso, mas também implicam o mais alto ponto de malícia e de impiedade, o que nossos pais chamavam de malvado. Assim, Carlos rei da Navarra era chamado de o malvado por ser um dos Príncipes mais celerados de sua época. E a palavra "mau" significava magro e fino; de outra forma, o provérbio que citei criaria uma confusão entre o rei justo e o tirano cruel. Portanto, não se deve julgar tirano o Príncipe que é severo ou rigoroso, desde que não infrinja as leis de Deus e da natureza. Tendo esclarecido esse ponto, vejamos se é lícito atentar contra a pessoa do tirano.

Capítulo V

Se é lícito atentar contra a pessoa do tirano e, depois de sua morte, anular e cassar suas ordenanças

Muitos se enganaram ao ignorar a propriedade da palavra "tirano", o que causou diversos inconvenientes. Dissemos que o tirano é aquele que, por sua própria autoridade, torna-se Príncipe soberano, sem eleição, nem direito sucessório, nem sorteio, nem guerra justa, nem vocação especial de Deus. É aquele de que tratam os escritos dos antigos e que as leis querem que seja posto à morte.

Casos lícitos para matar o tirano

Até mesmo os antigos[46] ordenaram grandes penhores e recompensas para os assassinos dos tiranos, a saber, títulos de nobreza, de proeza, de cavalaria,

---
[46] Plutarco, *Arato e Timoleonte*.

estátuas e títulos honoríficos, e até os bens do tirano, como aos verdadeiros libertadores da pátria ou, como diziam os candiotas, da mátria. Nesse caso, não fizeram nenhuma diferença entre o Príncipe bom e virtuoso e o malvado e depravado, pois não compete a homem vivo interferir na soberania e tornar-se senhor de seus companheiros, por mais que se use pretexto de justiça e virtude. Ademais, em termos de direito, é punível de morte aquele que usar as marcas reservadas à soberania. Portanto, se o súdito quiser interferir na soberania e roubar o estado ao seu rei, por qualquer meio que seja, ou no estado popular ou aristocrático se o companheiro quiser tornar-se senhor, ele merece a morte. Assim, nossa questão, quanto a esse ponto, não oferece dificuldade.

Se é lícito prevenir a via de justiça para matar um tirano

É verdade que os gregos divergiram dos latinos quanto a saber se, nesse caso, deve-se prevenir por via de fato a via de justiça. Pois a Lei Valéria, publicada a pedido de P. Valério Publícola, assim o quer[47], à condição que, depois do homicídio, se averigúe que aquele que foi morto havia aspirado à soberania. Isso era muito sensato, pois, caso se quisesse proceder por via de justiça, parece que o fogo teria consumido a República antes que se pudesse acudir a tempo. E como se faria comparecer em juízo aquele que tem a força em torno de si? Quem tomaria as fortalezas? Não vale mais a pena prevenir por via de fato do que, por querer preservar a via de justiça, perder as leis e o estado?

Distinção para conciliar duas leis contrárias

Todavia, Sólon fez uma lei contrária[48], segundo a qual era expressamente proibido usar a via de fato ou matar aquele que quisesse apoderar-se da soberania antes de lhe mover processo. Isso parece mais equânime do que a Lei Valéria, porque se via diversos bons cidadãos e pessoas de bem mortos por seus inimigos a pretexto de tirania; depois seria fácil processar os mortos. Porém, parece-me que, para conciliar essas duas leis e tirar delas uma resolução,

---

47 Plutarco, *Publícola*.

48 Plutarco, *Publícola*.

a lei de Sólon deva prevalecer quando aquele que é suspeito de tirania não ocupou forças nem fortalezas, e a Lei Valéria quando o tirano se declarou abertamente ou apoderou-se de cidadelas e guarnições. No primeiro caso, vemos que o ditador Camil procedeu por via de justiça contra M. Mânlio Torquato, e, no segundo caso, Brutus e Cássio mataram César. E Sólon, por ter sido demasiado religioso, não pôde impedir que, sob suas vistas, Pisístrato se tornasse, de súdito e cidadão, senhor; e os assassinos que deram cabo dos tiranos de Atenas não procederam por via de justiça.

Aqui pode-se formular várias perguntas, a saber, se o tirano do qual falei pode ser morto justamente sem forma nem aparência de processo se, após haver usurpado a soberania por força ou por ardil, ele se faça eleger pelos estados. Pois parece que esse ato solene de eleição é uma verdadeira ratificação da tirania, que o povo julga aceitável. Não obstante, digo que é lícito matá-lo e prevenir por via de fato, a não ser que o tirano, despojando-se de sua autoridade, abandone as forças e remeta o poder entre as mãos do povo para submeter-se a julgamento. Pois não se pode chamar de consentimento aquilo que os tiranos forçam o povo a fazer quando este foi despojado do seu poder, como Sula, que se fez nomear ditador por oitenta anos pela Lei Valéria, que ele fez publicar tendo um exército poderoso dentro da cidade de Roma. Cícero dizia[49] que tal não era lei. Casos semelhantes foram o de César, que se fez nomear ditador perpétuo pela Lei Sérvia, e o de Cosme de Médici, que, tendo um exército dentro de Florença, se fez eleger duque, e diante da dificuldade que lhe opunham mandou fazer uma demonstração na frente do palácio, que convenceu os senhores e magistrados de ir adiante.

Porém, se os sucessores do tirano, por longo decurso de tempo, como de cem anos, detenham a soberania, nesse caso a prescrição de tão longos anos, como em todas as outras coisas, poderia servir de título, embora se diga que a soberania não pode ser prescrita, quer dizer, em menos de cem anos, mesmo que não tenha havido oposição nem protesto em contrário dos súditos, como o do tribuno Áquila, que foi valente a ponto de retirar a coroa que se havia colocado sobre a estátua de César, por mais poder que este tivesse, e César achou isso tão ruim que colocava no final de todos os mandamentos e graças que outorgava: "Se apraz ao tribuno Áquila"[50].

---

[49] No livro das *Leis*.
[50] Suetônio, *César*.

Eis o que se devia dizer quanto ao ponto do tirano virtuoso ou malvado que se torna senhor soberano de sua autoridade. Mas a dificuldade principal de nossa questão subsiste, a saber, se o Príncipe soberano que acedeu ao estado por via de eleição, ou por sorteio, ou por direito sucessório, ou por guerra justa, ou por vocação especial de Deus, pode ser morto se for cruel, taxador e malvado em excesso – pois essa é a significação que se dá à palavra "tirano". Vários doutores e teólogos que abordaram essa questão decidiram que é lícito matar o tirano, sem distinção. Alguns até juntaram estas duas palavras incompatíveis, "rei tirano", figura que foi a causa da ruína de belíssimas e florescentes monarquias.

Mas a fim de bem decidir essa questão, é preciso distinguir o Príncipe absolutamente soberano daquele que não o é, e os súditos dos estrangeiros. Pois há muita diferença em dizer que o tirano pode ser licitamente morto por um Príncipe estrangeiro ou por um súdito. E assim como é muito belo e conveniente para quem quer que seja defender por via de fato os bens, a honra e a vida daqueles que são injustamente afligidos quando a porta da justiça está fechada – como fez Moisés, vendo seu irmão ser espancado e forçado, sem que houvesse meio de pôr fim a isso – também é coisa belíssima e magnífica para um Príncipe pegar em armas para vingar todo um povo injustamente oprimido pela crueldade de um tirano, como fez o grande Hércules, que ia exterminando pelo mundo todo esses monstros de tiranos, e pelos seus altos feitos foi deificado. Assim fizeram Díon, Timoleonte, Arato e outros Príncipes generosos que receberam o título de castigadores e corretores de tiranos. Essa foi a única causa pela qual Tamerlão, Príncipe dos tártaros, declarou guerra a Bajazet rei dos turcos, que então sitiava Constantinopla, dizendo que tinha vindo para castigar sua tirania e libertar os povos afligidos. De fato, ele o venceu em batalha campal na planície do monte Stellan, e depois de haver matado e posto em fuga trezentos mil turcos ele mandou matar o tirano, acorrentado numa gaiola.

Nesse caso, não pode importar que o Príncipe virtuoso proceda contra um tirano pela força, ou por ardil, ou por via de justiça. É verdade que, se o Príncipe virtuoso capturou o tirano, ele terá mais honra em lhe mover um processo e castigá-lo como assassino, parricida e ladrão do que usar contra ele do direito das gentes. Mas quanto aos súditos, é preciso saber se o Príncipe é absolutamente soberano ou se não é soberano, porque, se ele não for absolutamente soberano, é necessário que a soberania pertença ao povo ou aos senhores. Nesse caso, não há dúvida de que é lícito proceder contra o tirano por via de justiça, se for possível superá-lo, ou então por via de fato e força aberta, se não for possível vencê-lo de outro modo. Foi assim que o senado agiu contra Nero no primeiro caso e contra Maximino no segundo, já que os imperadores romanos não eram outra coisa senão príncipes da República, quer dizer, primeiros e chefes[51], permanecendo a soberania com o povo e o senado. Foi o que mostrei acima, que essa República se chamava principado, apesar do que diz Sêneca[52], falando na pessoa de Nero, seu discípulo: "Eu sou o único entre todos os homens vivos eleito e escolhido para ser lugar-tenente de Deus na Terra; eu sou árbitro da vida e da morte; eu sou todo-poderoso para dispor a meu bel-prazer do estado e da qualidade de cada um". É verdade que, de fato, ele havia usurpado esse poder, mas de direito o estado era apenas um principado no qual o povo era soberano.

Assim também era o dos venezianos, que condenaram à morte seu doge Falier e mandaram matar vários outros sem forma nem aparência de processo, pois Veneza é um principado aristocrático, no qual o doge não é nada mais que o primeiro e a soberania permanece com os estados dos gentis-homens venezianos. Em caso semelhante, o Império da Alemanha, que também é apenas um principado aristocrático no qual o imperador é chefe e primeiro, o poder e a majestade do Império pertencem aos estados, que expulsaram o imperador Adolfo no ano de 1296 e depois Venceslau no ano de 1400 por forma de justiça, por ter jurisdição e poder sobre eles. Podemos dizer o mesmo do estado dos lacedemônios, que era uma pura aristocracia na qual havia dois reis que não tinham nenhum poder soberano e eram somente capitães. Por esse motivo vê-se que, pelas faltas por eles cometidas, eles foram condenados a pagar multa, como Agesilau, ou à morte, como Agis e Pausânias. O mesmo se fez em nossa época com os reis da Dinamarca e da Suécia, dos quais alguns foram banidos, outros morreram prisioneiros, e outros ainda estão presos, porque a nobreza afirma que eles nada são além de príncipes e que não são soberanos, como mostramos; por isso são sujeitos aos estados, que têm direito de eleição. Assim eram antigamente os reis da Gália, que César, por esse motivo, chama amiúde de *Regulos*, quer dizer, pequenos reis, por estarem sujeitos à

---
51 Suetônio, *Calígula*; Tácito, proêmio do liv. 1.
52 No livro *De Ira*.

justiça dos senhores, que detinham toda a soberania e os mandavam executar de morte, se o merecessem. Eis porque dizia Ambiorix capitão-geral, que eles chamavam de rei dos liegenses: "Nossos mandamentos são tais que o povo não tem menos poder sobre mim que eu sobre o povo", com o que ele mostra claramente que não era soberano, embora seja impossível que seu poder fosse igual ao do povo, como mostramos no capítulo sobre a soberania.

Mas o Príncipe é absolutamente soberano, como são os verdadeiros monarcas da França, da Espanha, da Inglaterra, da Escócia, da Etiópia, da Turquia, da Pérsia, da Moscóvia, quando seu poder não é posto em dúvida nem sua soberania repartida com os súditos. Nesse caso, não cabe a um dos súditos em particular, nem a todos em geral, atentar contra a honra ou a vida do monarca, seja por via de fato, seja por via de justiça, a não ser que ele tenha cometido todas as maldades, impiedades e crueldades que se pode imaginar. Pois quanto à via de justiça, o súdito não tem jurisdição sobre o seu Príncipe, do qual depende todo poder e autoridade de comandar, e que pode não somente revogar todo o poder dos seus magistrados, mas também na presença do qual cessa todo o poder e jurisdição de todos os magistrados, corpos e colégios, estados e comunidades, como dissemos[53], e diremos mais amplamente no seu lugar.

E se não é lícito ao súdito fazer julgamento do seu Príncipe, ao vassalo do seu senhor, ao servidor do seu mestre, enfim, se não é lícito proceder contra o seu rei por via de justiça, como proceder-se-ia por via de fato? Pois aqui não é questão de saber quem é o mais forte, mas somente se é lícito em direito e se o súdito tem o poder de condenar o seu Príncipe soberano. Ora, é culpado de lesa-majestade em primeiro grau não apenas o súdito que matar o Príncipe soberano, mas também aquele que tentar, der conselho, quiser ou pensar fazê-lo. A lei julgou isso tão desproporcionado que, se aquele que foi denunciado, indiciado ou convicto falecer sem ter sofrido condenação, seu estado não será diminuído por qualquer crime, ainda que seja o crime de lesa-majestade, exceto o primeiro grau da majestade, que só se pode purgar pela morte daquele que foi acusado; nesse caso, mesmo aquele que ainda nem foi denunciado é tido pela lei como se já estivesse condenado.

---

53 No capítulo sobre a soberania e no capítulo sobre o respeito que os magistrados devem uns aos outros, no liv. 3.

E embora o mau pensamento não mereça pena, aquele que pensou em atentar contra a vida do seu Príncipe soberano é julgado culpado de morte, por mais que se tenha arrependido. De fato, houve um gentil-homem da Normandia que confessou a um frade franciscano que ele tinha querido matar o rei Francisco I, tendo se arrependido desse mau querer. O franciscano deu-lhe a absolvição, mas depois advertiu o rei, que enviou o gentil-homem ao Parlamento de Paris para lhe mover processo, no qual foi condenado à morte por decreto e depois executado. Não se pode dizer que a Corte tenha agido por medo, visto que, com frequência, ela se recusava a verificar os éditos e cartas-patentes, seja qual fosse o mandamento que o rei fizesse. Embora houvesse em Paris um homem insensato e totalmente furioso, chamado Caboche, que sacou a espada contra o rei Henrique II sem nenhum efeito nem esforço, não obstante ele foi condenado à morte, sem consideração nenhuma por sua demência, que a lei escusa, seja qual for o assassinato ou malvadeza que o furioso cometa.

A fim de que não se diga que os homens fizeram essas leis e expediram esses decretos, lemos na Sagrada Escritura que Nabucodonosor, rei da Assíria, devastou o país da Palestina, sitiou a cidade de Jerusalém, forçou-a, saqueou-a, arrasou casas e muralhas, queimou o Templo e profanou o santuário de Deus, matou o rei e a maioria do povo e levou o restante como escravos para a Babilônia. Lá ele mandou fazer uma estátua de ouro representando sua imagem e ordenou a todos, sem exceção, que a adorassem, sob pena de serem queimados vivos[54], e mandou jogar na fornalha ardente aqueles que se recusaram a adorá-la. Não obstante, o profeta[55], ao endereçar uma carta aos judeus que estavam na Babilônia, escreveu-lhes que rogassem a Deus para dar vida boa e feliz a Nabucodonosor e a seus filhos, e para que pudessem reinar tanto quanto durasse o Céu. Além disso, Deus chamou Nabucodonosor de seu servo[56] e prometeu que faria dele grande senhor. Será que já houve tirano mais detestável do que esse, que não se contentava em ser adorado, mas ainda mandava adorar sua imagem, sob pena de ser queimado vivo? Contudo, vemos o profeta Ezequiel irritar-se contra Zedequias rei de Jerusalém, detestar fortemente sua perfídia, deslealdade e rebelião contra seu rei Nabucodonosor,

---

[54] Daniel cap. 6.
[55] Baruque cap. 1 e Jeremias 29.7.
[56] Jeremias 25 e Ezequiel 29.

e dizer que não merecia nada menos do que a morte. Temos um exemplo ainda mais raro de Saúl, o qual, atormentado pelo espírito maligno, mandou matar todos os sacerdotes de Deus sem causa nenhuma e esforçou-se por todos os meios para matar ou mandar matar Davi. No entanto, tendo caído em poder de Davi por duas vezes, este disse[57]: "Deus não queira que eu atente contra a pessoa daquele que Deus consagrou", e impediu que lhe fizessem mal algum. E quando Saúl foi morto na guerra, Davi mandou matar aquele que lhe trouxe sua cabeça, dizendo: "Malvado, ousaste de fato pôr tuas mãos impuras sobre aquele que Deus consagrou? Morrerás por isso". Esse ponto é muito considerável, pois Davi estava sendo injustamente perseguido até a morte por Saúl e não carecia de poder, como bem mostrou aos inimigos. Mais ainda, tinha sido eleito por Deus e sagrado pelas mãos de Samuel para ser rei do povo, e tinha desposado a filha do rei. Mesmo assim, relutou em assumir a qualidade de rei, e ainda mais em atentar contra a vida ou a honra de Saúl ou rebelar-se contra ele, e preferiu banir a si próprio do reino. Também lemos[58] que os mais santos personagens que já existiram entre os hebreus, que eram chamados de essênios[59], quer dizer, os verdadeiros executores da lei de Deus, sustentavam que os Príncipes soberanos, sejam eles quais fossem, deviam ser invioláveis aos súditos, por serem sagrados e enviados por Deus. Tampouco se duvida que Davi rei e profeta não tivesse o espírito de Deus[60], se é que algum homem já o teve, pois tinha diante de seus olhos a lei de Deus[61], que diz: "Não maldirás o teu Príncipe e não desacatarás os magistrados". Não há nada mais frequente em toda a Escritura Sagrada[62] que a proibição, não somente de matar ou de atentar contra a vida ou a honra do Príncipe, mas também dos magistrados, mesmo (diz a Escritura) que sejam maus.

Portanto, se é culpado de lesa-majestade divina e humana aquele que somente desacata os magistrados, qual pena pode bastar para aquele que atenta contra sua vida? Pois a lei de Deus é ainda mais precisa nesse caso do que são as leis humanas, tanto que a Lei Júlia considera culpado de lesa-majestade

---

[57] Samuel 26 e 24.
[58] Josefo, *De sectis Judaeorum*.
[59] O termo משן.
[60] Samuel 2 cap. 23.
[61] Êxodo 22.28.
[62] Pedro 2.17, Timóteo 22 e Romanos 14.1.

quem tiver dado conselho para matar o magistrado ou comissário que tem poder de comandar, e a lei de Deus proíbe que se desacate de qualquer modo o magistrado. Responder às objeções e argumentos frívolos daqueles que sustentam o contrário seria tempo perdido. Porém, assim como aquele que duvida se há um Deus merece ser forçado a sentir a pena das leis sem usar de argumentos, também o merecem aqueles que colocaram em dúvida uma coisa tão clara, e que até publicaram em livros impressos que os súditos podem justamente pegar em armas contra seu Príncipe tirano e fazer com que ele morra de qualquer maneira que seja. Apesar disso, os seus mais eminentes e doutos teólogos[63] sustentam que nunca é lícito, não apenas matar, mas também se rebelar contra seu Príncipe soberano, a não ser que haja mandamento especial e indubitável de Deus, como vemos Jeú[64], que foi eleito por Deus e sagrado rei pelo profeta com mandamento expresso de fazer morrer a raça de Acabe. Ele era súdito e nunca atentou contra seu Príncipe por todas as crueldades, exações e assassínios de profetas que o rei Acabe e Jezabel haviam cometido, até que houvesse mandamento expresso da voz de Deus pela boca do profeta. De fato, Deus auxiliou-o de tal forma que, com uma pequena companhia, ele fez morrer dois reis, setenta filhos de Acabe e vários outros príncipes dos reis de Israel e de Judá, e todos os sacerdotes idólatras, depois de ter feito os cães comerem a rainha Jezabel.

Porém, não se deve aplicar esse mandamento especial de Deus às conjurações e rebeliões dos súditos amotinados contra o Príncipe soberano. Quanto ao que diz Calvino – que, se havia naquela época magistrados constituídos para defender o povo e refrear a licenciosidade dos reis, como eram os éforos na Lacedemônia, os tribunos em Roma e em Atenas os demarcas, eles deviam resistir, opor-se e impedir sua licenciosidade e crueldade – isso mostra suficientemente que nunca é lícito na reta monarquia atacar ou defender-se, nem atentar contra a vida ou a honra do seu rei soberano, pois ele só falou das Repúblicas populares e aristocráticas. Mostrei acima que os reis da Lacedemônia eram apenas simples senadores e capitães, e quando ele fala dos estados diz ser possível, sem ousar assegurar nada, embora haja uma diferença notável entre atentar contra a honra de seu Príncipe e resistir à sua tirania, matar seu rei ou opor-se à sua crueldade. Lemos também que

---

63 Martinho Lutero; *Calvino in Joannem e nas Instituições* liv. 4, últ. cap., seção 31.
64 Reis cap. 6 e 10.

os Príncipes protestantes da Alemanha, antes de pegar em armas contra o Imperador, perguntaram a Martinho Lutero se era lícito fazê-lo. Ele respondeu francamente que não era lícito, por mais que se alegasse tirania ou impiedade. Não acreditaram nele, e por isso o desfecho foi miserável e acarretou a ruína de grandes e ilustres casas da Alemanha: *quia nulla justa causa videri potest*, como dizia Cícero, *adversus patriam arma capiendi*. É certo que a soberania do império não reside na pessoa do imperador, como diremos em seu lugar. Porém, sendo ele chefe, só se poderia pegar em armas com o consentimento dos estados ou de sua maioria, o que não foi feito; menos lícito ainda seria contra o Príncipe soberano.

Não posso usar melhor exemplo que o do filho com relação ao pai: a lei de Deus diz que aquele que maldisser pai ou mãe será posto à morte. E se o pai for assassino, ladrão, traidor da pátria, incestuoso, parricida, blasfemo, ateísta, e o que mais se quiser, eu admito que todos os suplícios não bastarão para puni-lo; mas digo que não cabe ao filho imiscuir-se nisso: *quia nulla tanta impietas, nullum tantum scelus est, quod sit parricidio vindicandum*, como dizia um antigo orador. Todavia, Cícero, ao propor essa questão, disse que o amor pela pátria é ainda maior. Ora, o Príncipe da pátria é sempre mais sagrado e deve ser mais inviolável que o pai, por ser ordenado e enviado por Deus. Digo, portanto, que o súdito nunca pode ser autorizado a tentar algo contra seu Príncipe soberano, por mais malvado e cruel tirano que ele seja. É lícito não lhe obedecer em coisa que seja contrária à lei de Deus ou da natureza, fugir, esconder-se, aparar os golpes ou sofrer a morte, mas nunca atentar contra sua vida ou sua honra.

E quantos tiranos não haveria se fosse lícito matá-los! Aquele que cobra subsídios em demasia seria tirano, no entender do vulgo. Aquele que comanda contra a vontade do povo seria tirano, tal como Aristóteles o define na *Política*. Aquele que tem guardas para a segurança de sua vida seria tirano. Aquele que manda matar os que conjuram contra seu estado seria tirano. E como poderiam os bons Príncipes assegurar sua vida? Não que eu queira dizer que não é lícito aos outros Príncipes perseguir pela força e pelas armas os tiranos, como já disse, mas não cabe ao súdito fazê-lo. Eu seria mais da opinião de Diógenes, o Cínico, que, tendo um dia encontrado Dionísio o Jovem quando este estava em Corinto, banido de sua tirania, brincando pelas ruas com os bufões e menestréis e discorrendo sobre seus jogos com o melhor senso que tinha, lhe disse: "Estás agora em estado deveras indigno de ti". "Sou-te muito agradecido, disse então Dionísio, por ter compaixão de mim". "E pensas, disse Diógenes, que digo isso por compaixão de ti? É antes por despeito à tua vida, por ver um escravo como tu, digno de envelhecer e morrer no infeliz estado de tirania como teu pai, brincando assim em segurança e passando teu tempo entre nós".

Pode-se ter carrascos mais cruéis que o sobressalto e o temor? Digo sobressalto e temor perpétuos de perder a vida, os bens, o estado e todos os parentes e amigos. Os tiranos vivem sempre com um tremor contínuo e mil suspeitas, vontades, delações, invejas, apetites de vingança e outras paixões que tiranizam mais cruelmente o tirano do que ele consegue fazer com seus escravos com todos os tormentos que possa imaginar. E que desgraça maior pode acontecer com o homem do que aquele que pressiona e força o tirano a tornar seus súditos bestas e estúpidos, a subtrair-lhes todos os caminhos da virtude e das ciências honestas, para ficar sujeito a mil espiões e asseclas, para saber tudo o que se faz, que se diz, que se pensa? E ao invés de juntar e unir os seus em boa amizade, semear entre eles cem mil querelas e dissensões, a fim de que estejam sempre desconfiados uns dos outros? E quem duvida que o tirano que padece tal martírio não seja mais afligido e atormentado que se morresse mil vezes? A morte, dizia Teofrasto, é o fim das misérias, e o descanso dos infelizes, dizia César. Um e outro falam como se não houvesse pena estabelecida para os maus após esta vida. Por conseguinte, aquele que deseja que o tirano morra para sofrer a pena que merece está pedindo seu bem e seu repouso.

A maioria dos tiranos tem geralmente em torno de suas pessoas esponjas e preferidos, sobre os quais se descarregam, a fim de que o povo, ao entrar em fúria, apegue-se a eles. Assim, Tibério tinha Sejano; Nero, Tigelino; Dionísio, o Jovem, Philiste; e Henrique rei da Suécia, Georges Preschon, que foram dados como presa à fúria do povo. O imperador Caracala mandou matar todos os aduladores que o haviam induzido a matar seu irmão para adquirir a graça do povo. Calígula não fez menos aos seus aduladores, e por esse meio os tiranos muitas vezes escaparam por pouco. Mas se se começasse pela pessoa do tirano, seus asseclas e os mais próximos dentre os seus parentes, até as mulheres e filhas, seriam mortos, o que se fazia não somente em toda a Grécia, mas também na Sicília. Assim, depois da morte do tirano Hierosmo, suas irmãs e primas foram cruelmente desmembradas pela raiva do povo. Depois, geralmente todos os criados do tirano, todas as suas estátuas e até, com frequência, todas os seus éditos eram cassados, ainda que fossem louváveis e necessários, a fim de que nada restasse da memória do tirano. É verdade que, muitas vezes, se conservava as boas ordenanças. Eis porque dizia Cícero[65] que não há nada mais vulgar que aprovar os atos do tirano e elevar ao céu os assassinos que o mataram.

Apesar disso, em outro lugar[66] ele diz que a dificuldade não está resolvida, a saber, se é preciso que o homem de bem siga o conselho do tirano nas coisas que forem boas e proveitosas. Todavia, essa questão depende da outra: pois se tivermos escrúpulo de assistir ao conselho do tirano nas coisas boas que ele fizer, por medo de, assim fazendo, aprovar sua tirania, por que aprovaríamos as boas leis e ordenanças que ele tenha feito? Pois é igualmente bom ratificar sua tirania e dar exemplo aos outros quanto aconselhar coisas boas e louváveis ao tirano, a não ser que se queira dizer que a tirania, que está forte e vigente, é apoiada e autorizada pelo conselho das pessoas de bem, sob o véu de um ato bom e louvável, e que aquele que está morto não pode ressuscitar para a ratificação dos seus atos, que muitas vezes é preciso entreter por necessidade forçada, ou arruinar completamente a República. Por isso o capitão Trasíbulo, após ter expulsado os Trinta Tiranos de Atenas, e Arato, que derrotou o tirano de Sícion, e seguindo seu exemplo Cícero, após a morte de César ditador, publicaram as leis de esquecimento para extinguir os apetites de vingança, ratificando a maioria dos atos dos tiranos que não se podia cassar sem arruinar completamente a República. Por conseguinte, quando lemos que os atos, éditos e ordenanças de Nero e Domiciano foram abolidos pelo senado, entenda-se as coisas injustas e iníquas. De outro modo, a eversão do Império teria logo ocorrido, visto as santas leis e ordenanças e as ações louváveis de Nero nos cinco primeiros anos em que foi imperador, por cujo estado Trajano julgou que ele não havia sido igualado.

Eis porque os jurisconsultos e doutores sustentaram que o sucessor do tirano está obrigado aos feitos e promessas legítimas do tirano. Foi o que fez o imperador Constantino o Grande, o qual, por édito expresso, cassou os

---

65 *Ad Atticum* liv. 14 e 16.
66 *Ad Atticum* liv. 10 epístola 1 *magnum τῶν πολιτικάτων σκεμάτων, veniendumne sit in consilium tyranni si is aliqua de re bona deliberaturus sit.*

atos de Licínio que eram contrários ao direito comum e ratificou o restante. O mesmo foi feito pelos imperadores Teodósio, o Jovem, e Arcádio, depois da derrocada do tirano Máximo: *Quae tyrannus, inquit, contra ius rescripsit, non valere praecipimus, legitimus ejus rescriptis minime impugnandis*. Embora, por vingança contra o tirano Máximo, esses dois jovens imperadores tenham feito um édito geral pelo qual retiravam todos os benefícios, estados, dons e ofícios que ele havia outorgado, e até tenham cassado todos os decretos e julgamentos dados por ele, todavia, mais tarde, ao publicar seu édito, ratificaram e confirmaram todos os atos e comissões do mesmo obtidas sem dolo ou fraude. Estas últimas palavras, "sem dolo ou fraude", são acrescentadas contra os asseclas, agentes e alcoviteiros dos tiranos, contra os quais principalmente se deve precaver, a fim de que não haja ninguém que siga o exemplo de erguer sua casa sobre a ruína dos outros enquanto a tirania está vigente ou os tumultos da guerra civil dividem a República.

Foi o que ocorreu no estado de Milão, quando os venezianos, os franceses, os suíços, os espanhóis e os Sforza expulsavam sucessivamente uns aos outros: entre outros, Jasão, o jurisconsulto, obteve dom dos bens do senhor Trivulzio, que dependia da casa de França. Porém, quando os franceses regressaram, Jasão foi castigado pelas leis e decisões de Trivulzio, embora em tal caso não seja tanto questão das leis e decisões regradas quanto de uma equidade natural, que reside na arbitragem daqueles que sabem manejar os negócios de estado e equilibrar sabiamente o proveito particular com o contrapeso do público, segundo a variedade dos tempos, dos lugares e das pessoas, de modo, todavia, que o público seja sempre o mais forte e preferido ao particular, se a equidade e a razão não se opuserem formalmente. Por exemplo, caso se fique sabendo que os recebedores foram intimados e depois obrigados a pagar aos inimigos ou ao tirano, é certo que os bens lhes sejam atribuídos. Assim foi julgado por sentença do Parlamento de Nápoles em favor daqueles que haviam pago aos recebedores do rei Carlos VIII após o retorno dos espanhóis: queria-se obrigar os recebedores a pagar duas vezes, mas a razão natural prevaleceu sobre o proveito público. Porém, se os recebedores, sem intimação alguma nem obrigação, ou então em processos forjados, tomaram a iniciativa de pagar ao tirano ou aos inimigos, eles poderiam não apenas ser obrigados com justiça a pagar imediatamente, mas também seriam culpados de lesa-majestade.

Por conseguinte, para concluir esta questão, as boas ordenanças e os atos louváveis do tirano morto não devem ser cassados. Quanto a isso enganam-se muito os Príncipes que cassam todos os atos dos tiranos predecessores e até os que dão recompensa àqueles que mataram os tiranos, para com eles fortalecer a soberania, pois eles nunca terão segurança de suas vidas se não os punirem. Foi o que fez muito sabiamente o imperador Servatus, que mandou matar todos aqueles que haviam participado do assassinato do imperador Pertinax, o que foi o motivo, diz Herodiano, pelo qual não houve ninguém que ousasse atentar contra sua vida. Vitélio imperador mandou matar todos os assassinos e conjurados contra Galba, que haviam apresentado requerimentos assinados de próprio punho ao imperador Otão para obter recompensa pela sua deslealdade. E Teófilo imperador de Constantinopla mandou chamar todos aqueles que haviam nomeado seu pai imperador, depois de matar Leão o Armênio, para recompensá-los por tão grande benefício; os quais, tendo comparecido junto com vários outros que não haviam participado, foram executados à morte. Além disso, o imperador Domiciano mandou matar Epafrodite, secretário de estado, por ter ajudado Nero a se matar, coisa que este lhe havia solicitado com muita insistência. O mesmo fez Davi com os assassinos de Saúl e de seu filho, que pensavam receber grande recompensa. Até mesmo Alexandre, o Grande, fez morrer cruelmente o assassino de Dário, por ter horror ao súdito que havia ousado deitar a mão sobre seu rei, ainda que este fosse reto inimigo de guerra de Alexandre.

 E me parece que a coisa que mais conservou os reis da França e suas pessoas invioláveis é que eles não usaram de crueldade contra aqueles que tocavam seu sangue, embora fossem indiciados, convictos, declarados e até condenados como inimigos do Príncipe, e culpados de lesa-majestade. Como João II duque de Alençon, apesar de ter sido condenado como tal, por forma legítima, e da sentença de morte contra ele pronunciada pelo chanceler, todavia o rei Carlos VII não quis que fosse executado. Muitos criticaram essa brandura como perniciosa, mas eles não vêem que aquele que coloca um Príncipe de seu sangue entre as mãos dos carrascos ou que manda assassiná-lo forja o punhal contra si mesmo. Pois viu-se os imperadores de Constantinopla, antigos e novos, e vários reis da Espanha e da Inglaterra, que quiseram macular suas mãos com o sangue dos Príncipes, sofrer na sua pessoa o que haviam feito aos outros. Viu-se na casa de Castela um Príncipe matar seis dos seus irmãos, e em menos de trinta e seis anos oitenta Príncipes do sangue da Inglaterra (como lemos em Felipe de Commines) cruelmente mortos, ou executados pelas mãos dos carrascos.

Ora, a maior segurança de um Príncipe soberano é que se deve crer que ele é santo e inviolável. Bem sei que criticaram Seleuco por não ter mandado matar Demétrio, o sitiador dos mais valentes Príncipes que já existiram, tendo-o retido prisioneiro, e Hugo Capeto por ter mantido na prisão o último príncipe do sangue de Carlos Magno, e Henrique I rei da Inglaterra por ter mantido na prisão até a morte seu irmão mais velho Roberto, assim como Cristiano, pai de Frederico rei da Dinamarca, por ter mantido vinte e cinco anos na prisão seu primo, rei da Dinamarca, que morreu na prisão no castelo de Calemburgo aos 77 anos de idade, e João, rei da Suécia, que mantém seu irmão mais velho Henrique prisioneiro desde o ano de 1567, e a rainha da Inglaterra, que fez o mesmo com sua prima, que sempre havia pretendido que os dois reinos lhe pertenciam; mas eles foram e são, dessa forma, mais reverenciados pelos seus súditos do que se houvessem matado essas pessoas.

Dir-me-ão que a guarda de tais Príncipes é arriscada. Eu o admito, e foi essa a única razão que levou o Papa a aconselhar Carlos de França que mandasse matar Conradino, filho de Manfredo rei de Nápoles, e o último rei do Egito a mandar matar Pompeu, dizendo que os mortos não mordem. Todavia, houve herdeiros suficientes de Aragão, que não deixaram de expulsar aqueles da casa de Anjou e recuperar o reino. No entanto, aquele que mandou matá-lo foi depois condenado à morte, e embora tenha escapado a infâmia de um suplício detestável cometido sem causa na pessoa de um jovem príncipe inocente ficou na memória daqueles que o mandaram executar. E quando se perdoou a João duque da Borgonha o assassinato cometido na pessoa de Luís duque de Orléans, cada um dizia que dali em diante o sangue dos Príncipes custaria barato, como de fato ocorreu: pois lhe fizeram o mesmo, e a sangue frio.

Capítulo VI

Do estado aristocrático

A aristocracia é uma forma de República na qual a minoria dos cidadãos comanda ao restante em geral com poder soberano e sobre cada um dos cidadãos em particular. Nisso ela é contrária ao estado popular, no qual a maioria dos cidadãos comanda a minoria em nome coletivo, e, não obstante, semelhante, pois aqueles que têm o comando soberano em ambas as Repúblicas têm poder sobre todos em nome particular, mas não em nome coletivo e geral. O poder do monarca é mais ilustre que os dois outros, já que seu domínio se estende sobre todos em geral e sobre cada um em particular.

Diferença entre a aristocracia e a monarquia

Assim como a monarquia é real, ou senhorial, ou tirânica, também a aristocracia pode ser senhorial, legítima ou facciosa, que se chamava antigamente de oligarquia, quer dizer, senhoria de um número bem pequeno de senhores, como eram os trinta senhores de Atenas derrotados por Trasíbulo, que eram chamados de Trinta Tiranos, ou os dez comissários deputados para corrigir os costumes de Roma, que haviam por facções, e depois por força aberta, usurpado a senhoria. Eis porque os antigos sempre viram a palavra "oligarquia" com maus olhos e "aristocracia" com bons olhos, ou seja, a senhoria das pessoas de bem. Porém, mostramos acima que não se deve levar em consideração, em matéria de estado (para saber qual é a forma de uma República), se os senhores são virtuosos ou viciosos, como se exige para conhecer o governo da mesma. Por isso, é difícil, quase impossível, estabelecer uma aristocracia composta somente de pessoas de bem, pois isso não pode ser feito por sorteio nem por eleição, que são os dois meios usuais, aos quais se acrescenta o terceiro, da escolha e do sorteio combinados. Ora, acontece que é preciso ter mais pessoas de bem e de virtude para escolher os bons, haja vista que os maus sempre elegerão seus semelhantes. Todavia, as melhores pessoas de bem não serão desavergonhadas e impudentes a ponto de se nomearem e de escolherem a si mesmas como pessoas de bem. Como dizia Lactâncio Firmiano, zombando dos Sete Sábios da Grécia: se eram sábios na sua própria avaliação, não eram sábios, se na avaliação dos outros, menos ainda, já que só havia Sete Sábios. Se me for dito que seria preciso seguir a forma dos antigos romanos e outros latinos nas escolhas que faziam por juramento solene de nomear os mais valentes e guerreiros: aquele que era conhecido por ser dos mais belicosos nomeava um semelhante a ele, e este um outro, e o terceiro do mesmo modo nomeava o quarto, até que o número das legiões estivesse pleno. Mas seria preciso fazer uma lei segundo a qual o número dos senhores fosse limitado. E quem poderia garantir ao público que um dos nomeados não preferisse escolher seu pai, seu filho, seu irmão, seu parente, seu amigo, ao invés de um homem de bem e de virtude?

Eis porque não há, e talvez nunca houve, aristocracias puras, nas quais os mais virtuosos tivessem a senhoria. Pois embora os pitagóricos[67], ao atrair para sua causa os mais nobres e generosos Príncipes da Itália no tempo do rei Sérvio Túlio, tivessem transformado algumas tiranias em justas realezas e tivessem a esperança de poder pouco a pouco também transformar as oligarquias e democracias em aristocracias, os chefes de partidos e tribunos populares, temendo serem despojados de seu poder, tramaram grandes conjurações contra eles, e como era fácil para os mais fortes vencer os mais

---

67 Políbio liv. 2.

fracos, queimaram-nos na sua dieta[68] e massacraram quase todos aqueles que haviam escapado ao fogo.

Seja então que os nobres, ou virtuosos, ou ricos, ou guerreiros, ou pobres, ou plebeus, ou viciosos detêm a senhoria: se for a minoria dos cidadãos, nós a chamaremos pelo nome de aristocracia. Quando digo a minoria dos cidadãos, entendo a maior parte do menor número dos cidadãos reunidos em corpo e comunidade. Por exemplo, se houver dez mil cidadãos e apenas cem gentis-homens tiverem participação na soberania, se sessenta forem de uma opinião eles ordenarão e comandarão absolutamente o resto dos nove mil e novecentos cidadãos em conjunto, que não têm dizer no estado, e os outros quarenta, que têm participação no estado, mas são em menor número. Além disso, os sessenta de que falei terão comando soberano sobre cada um dos dez mil cidadãos em particular, como também terão os cem em conjunto, se estiverem de acordo, e nestes residirão as marcas da majestade soberana. Não se deve levar em consideração o número menor ou maior dos cidadãos, contanto que sejam menos da metade. Pois se houver cem mil cidadãos e dez mil tiverem a senhoria, o estado não é nem mais nem menos aristocrático do que se houvesse dez mil cidadãos e somente mil tivessem o estado, visto que numa e noutra República a décima parte tem a soberania. Podemos dizer o mesmo da centésima ou milésima parte dos cidadãos. E quanto menos houver, mais o estado estará assegurado e será durável, como o estado dos farsálios foi dos mais duráveis da Grécia, pois tinha somente vinte senhores.

O estado dos farsálios

Mesmo na República da Lacedemônia, que conquistou o prêmio de honra acima de todas as outras do Oriente, ainda que fosse muito povoada de homens e opulenta, só havia trinta senhores que eram eleitos pelas pessoas de bem para permanecer no estado por toda a sua vida. Os epidaureus, diz Plutarco[69], tinham somente cento e oitenta cidadãos dos mais ricos e eminentes que tivessem participação na soberania, e desse número eram tirados os conselheiros de estado.

---

68 [N.T.:] termo usado aqui no sentido de "assembleia política".
69 Nos *Apophthegmata Graecorum*.

O antigo estado de Marselha

A antiga República de Marselha na Provença tinha seiscentos homens[70] dos mais ricos que tinham a senhoria, que foi das mais, ou até, na avaliação de Cícero, a mais ordenada que já existiu no mundo todo. E desse número de seiscentos eram tirados os senadores e quinze magistrados, e dos quinze havia três presidentes, que eram como os cônsules romanos. Podemos fazer o mesmo julgamento das Repúblicas dos tebanos e rodíacos, nas quais, depois que seus estados populares foram transformados em aristocracias, os mais ricos apoderaram-se da senhoria. Também vemos[71] que o procônsul Q. Flamínio estabeleceu as cidades dos tessálios em forma de aristocracia, nomeando senadores e juízes os mais ricos e dando o poder soberano àqueles que tinham mais interesse em que sua República permanecesse em paz e repouso.

O estado de Gênova

Eam partem civitatum fecit potentiorem, cui salua tranquillaque omnia magis esse expediebat, diz Tito Lívio, como se fez também na República de Gênova: depois que ela foi subtraída à obediência dos franceses, André Doria, com o consentimento dos habitantes, no ano de 1528, estabeleceu uma aristocracia de vinte e oito famílias, sejam nobres ou plebeias, escolhidas entre aquelas que tinham seis casas dentro de Gênova. Todas elas foram enobrecidas, deixando à discrição da senhoria escolher a cada ano dez pessoas pela sua virtude, ou pela sua nobreza, ou pelas suas riquezas. Dessas vinte e oito famílias ele estabeleceu um conselho de quatrocentos homens a cada ano, que elegem o duque e os oito governadores por dois anos contínuos, que são chamados de Senhoria e que conhecem os negócios de estado. E se houver assunto de importância, é transmitido ao senado, que é composto de cem homens eleitos nas urnas, como em Veneza. E cada um dos oito governadores, uma vez expirado seu mandato, permanece por dois anos como procurador da República, e dali em diante permanecem no conselho privado, junto com aqueles que são e foram duques, que são procuradores da República enquanto viverem. Ademais, havia quarenta capitães eleitos a cada ano, e cem homens deputados para

---

[70] Estrabão.
[71] Lívio liv. 34.

cada capitão, o que compõe uma legião de quatro mil homens para a força e defesa da cidade. Essa legião tinha um coronel ou capitão-em-chefe, que eles chamavam de general. Quanto ao podestade, ele é sempre estrangeiro e tem dois lugares-tenentes estrangeiros, um para assuntos criminais, outro para fiscais, e cinco juízes civis estrangeiros por dois anos, chamados de *Rote*. Mas há sete juízes extraordinários do país, para alongar ou abreviar os processos. Além deles há cinco síndicos para informar contra o duque e os governadores, após a expiração do mandato dos mesmos, e que publicam acusações, se houver alguém que tenha algo a dizer contra eles; e se forem julgados inocentes, concedem-se-lhes cartas de inocência.

O estado de Genebra

No mesmo ano em que Gênova foi estabelecida como estado aristocrático, a República de Genebra foi alterada de monarquia pontifical para estado popular governado aristocraticamente, embora já há muito tempo a cidade pretendesse liberdade contra o conde e contra o bispo. Mas então a soberania absoluta foi restituída à cidade, e duzentos homens estabelecidos na forma de Grande Conselho, com poder soberano e perpétuo, fora em certos casos que eles reservaram à generalidade dos cidadãos e burgueses, como a eleição dos síndicos e outros magistrados principais, a homologação das leis e dos tratados de paz e de guerra, que são as marcas da soberania absoluta. Do Grande Conselho é eleito o senado de 60 perpétuo, e do senado é composto o privado conselho de 25, também perpétuo, eleito pelo Grande Conselho, e os quatro síndicos eleitos todos os anos como magistrados soberanos, além dos juízes e outros magistrados ordinários.

Mas a diferença dessa República é notável com a de Gênova, já que o Grande Conselho, o senado e o privado conselho são eleitos à perpetuidade, salvo a renovação que é feita neles a cada ano. Em Gênova, todos os magistrados, o senado e o Grande Conselho são renováveis a cada ano, exceto alguns magistrados que permanecem por dois anos, o que faz com que o estado seja muito mais sujeito à mudança, e o de Genebra muito mais assegurado. Além disso, a escolha do Grande Conselho, do senado e do privado conselho de Genebra não se faz de uma só vez, como em Gênova, mas, ocorrendo lacuna por morte ou renúncia de um conselheiro do privado Conselho dos 25, procede-se à escolha de um conselheiro do Grande Conselho para suprir a vaga no privado conselho, e de um cidadão, ou pelo menos de um burguês, para ser colocado no Grande Conselho, que não sejam notados nem difamados, e sem levar em consideração os bens nem a nobreza, mas a virtude e reputação íntegra, tanto quanto possível; é um meio diferente daquele que usavam os lacedemônios, que elegiam os senhores com a condição de que morreriam pelo simples respeito à honra e à virtude.

Os senhores das ligas, exceto os Grisões e os cinco pequenos cantões, têm quase a mesma forma de República, como se vê em Zurique o Grande Conselho de duzentos, o senado e o conselho secreto estabelecidos na forma dos de Genebra; ou, melhor dizendo, o de Genebra tem a forma do de Zurique, que é quase igual ao de Berna. A diferença, todavia, é tanta, que estes mudam todos os anos o Grande Conselho e o senado, pois as confrarias, que eles chamam de *Zunft*, compostas cada uma de um, dois ou três ofícios e que são 11 em Schaffhausen, 11 em Zurique, 15 na Basileia e alhures mais ou menos, elegem doze pessoas de cada confraria para o Grande Conselho, e para o senado elegem duas outras, como em Zurique, ou três como na Basileia, das quais uma é chefe da confraria, de modo que se forma um Grande Conselho de 200 em Zurique, de 244 na Basileia, de 86 em Schaffhausen, e o senado de Zurique é de 50, o de Schaffhausen de 26, o da Basileia de 63. Porém, aqueles que são eleitos pelas confrarias são confirmados pelo Grande Conselho, seja de senadores ou de magistrados, ou pelo antigo senado, como na Basileia, pois metade do senado é antiga, tendo ocupado o cargo por seis meses, e a outra metade do senado é daqueles que foram recentemente eleitos, a fim de que o senado não mude de repente. É verdade que o antigo senado da Basileia ainda elege o senado para o ano seguinte e os burgomestres, que têm por companheiros três tribunos, como em Zurique, e dois na Basileia, que somam quatro com os dois burgomestres, que têm nove outras pessoas como adjuntos; eles são chamados os treze, os quais manejam todos os negócios secretos e decidem entre eles o que deve ser deliberado no senado. Em Zurique há, além disso, o conselho das finanças, que é de oito pessoas, o qual é presidido por um dos burgomestres. O novo senado julga as causas criminais, em Zurique e em Schaffhausen; nas outras o preboste do Império e três senadores em nome de todo o senado, sendo que o preboste é eleito pelo senado. E geralmente todos aqueles que são infames ou bastardos não podem entrar no senado.

Esses são argumentos necessários para mostrar que o seu estado é governado aristocraticamente, e ainda mais em Berna, Lucerna, Friburgo e Soleure, onde as confrarias e assembleias não têm poder algum nem faculdade de reunir-se, somente para as coisas que dizem respeito aos seus ofícios. Mas todos os anos os quatro capitães das cidades escolhem 16 burgueses entre as pessoas de bem e sem desabono, e na terça-feira seguinte, antes da Páscoa, elegem o Grande Conselho de duzentos, embora só haja cem em Lucerna, e mais de duzentos em Berna. Depois, o Grande Conselho elege o *avoyer*, que eles chamam de *Schuldthessen*, e os outros magistrados, e em sessão privada o *avoyer* com os 16 acima citados e os quatro capitães elegem o senado, que é de 26 em Berna e de 18 em Lucerna e que só fica seis meses no cargo, e em Berna um ano. Os quatro capitães também são anuais, eleitos pelo Grande Conselho, e todos os juízes são eleitos pelos quatro capitães, assim como os tesoureiros, e confirmados pelo senado. Quanto à última instância, as apelações dos primeiros juízes são encaminhadas ao senado de 26, e do senado aos 60 que são compostos pelos 26 de que falei mais 34 eleitos pelos 26. A última instância pertence ao Grande Conselho. Quando é questão de vida, o Grande Conselho é reunido e presidido pelo *avoyer*, e a sentença é dada em última instância. Friburgo procede da mesma forma para eleger o Grande Conselho de 200, que elege o senado de 24 pessoas, o *avoyer* e os quatro capitães.

Ora, tais aristocracias são governadas popularmente, pois cada um do povo, se não for infame, pode pertencer ao Grande Conselho e ao senado, e atingir os maiores estados, e ainda mais facilmente porque todos os magistrados são anuais. E tais Repúblicas estarão menos sujeitas à mudança de estado do que se o Grande Conselho fosse composto somente pelos nobres ou pelos mais ricos, contra os quais o povo miúdo sempre tem querela. Pois as outras aristocracias são estabelecidas pelos mais ricos, ou pelos mais nobres, ou pelas mais antigas famílias, mesmo que não sejam nobres. Todavia, sempre houve mais aristocracias de famílias antigas ou nobres, que de ricas ou virtuosas, como as Repúblicas dos sâmios, corcireus, rodíacos, cnídios, e quase todas as Repúblicas da Grécia, depois da vitória de Lisandro, foram transformadas por ele em aristocracias das mais antigas famílias[72], tomando 10 ou 20 ou 30 no máximo, às quais ele atribuiu o poder soberano. Também vemos que o estado de Veneza, que mostramos acima ser totalmente aristocrático, e os de Ragusa,

---

72 Tucídides; Xenofonte; Plutarco, *Lisandro*.

de Lucca, de Augsburgo, de Nuremberg, também são compostos em forma aristocrática das mais antigas famílias, que são em número muito pequeno.

O estado dos ragusanos

Quanto aos ragusanos – que eram chamados antigamente de epidaureus, e que reconstruíram a cidade de Ragusa perto da antiga Epidauro, que foi arrasada de cima a baixo pela fúria dos godos –, tendo se isentado do poder dos albaneses, estabeleceram uma República aristocrática das mais nobres e antigas famílias, quase uma cópia de Veneza. Mas eles são muito mais ciosos da sua nobreza que os venezianos, pois o gentil-homem veneziano pode desposar uma plebeia, mas o ragusano não pode desposar uma citadina nem uma estrangeira, por mais nobre que ela seja, se não for donzela de Zarafin ou de Cantharo e se não tiver pelo menos o equivalente a mil ducados. Assim, só há 24 famílias nobres que têm participação no estado. Seus membros maiores de vinte anos podem entrar no Grande Conselho, que elege um senado de 60 gentis-homens para o manejo dos negócios de estado, das causas de apelação acima de trezentos ducados e dos processos criminais de importância, como quando se trata da honra ou da vida de um gentil-homem. Além do senado há um conselho privado de doze pessoas, com o reitor da República, renovável a cada ano, e cinco diretores, que recebem todos aqueles que têm requerimento a apresentar a algum conselho, além dos seis cônsules das causas civis, dos cinco juízes criminais e dos trinta juízes de apelação até trezentos ducados inclusive. Há vários outros magistrados dos quais falaremos no seu lugar.

O estado de Lucca

Faremos o mesmo julgamento da República de Lucca, que também é aristocrática, visto que, de cinquenta e dois mil cidadãos que foram recenseados há vinte anos aproximadamente, somente as antigas famílias da citandade têm participação no poder soberano. Entre elas se elege o senado de 26 homens a cada ano, e do senado são eleitos os dez conselheiros do privado conselho anual, inclusive o gonfaloneiro. Falaremos também em seu lugar sobre os magistrados dessa República. Basta por enquanto mostrar os estados aristocráticos no que tange à soberania, a fim de entender por exemplos diversos das novas e antigas Repúblicas a verdadeira natureza da aristocracia.

O Império da Alemanha é uma aristocracia

Falemos também do estado da Alemanha, que muitos crêem, e até os mais doutos da Alemanha publicaram por escrito, que é uma monarquia. Eu disse acima alguma coisa sobre isso, mas é preciso mostrar aqui que é um estado aristocrático. Pois desde Carlos Magno até Henrique, o Passarinheiro, era uma pura monarquia por direito sucessório do sangue de Carlos Magno, e depois de Henrique, o Passarinheiro, a monarquia continuou por direito de eleição por bastante tempo, até que os sete Eleitores subtraíram pouco a pouco a soberania, não deixando nada ao Imperador além das marcas de aparência. A soberania coube de fato aos estados dos sete Eleitores, de trezentos Príncipes aproximadamente e dos embaixadores, deputados das cidades imperiais. Mostramos que o estado é aristocrático quando a minoria dos cidadãos comanda o restante em nome coletivo e cada um em particular. Ora, acontece que os estados do Império, compostos de trezentos a quatrocentos homens, como eu disse, têm o poder soberano, com exclusão do Imperador e de todos os outros Príncipes e cidades em particular, de dar a lei a todos os súditos do Império, celebrar a paz ou declarar a guerra, instituir talhas e impostos, estabelecer juízes ordinários e extraordinários, julgar dos bens, da honra e da vida do Imperador, dos Príncipes e das cidades imperiais, que são as verdadeiras marcas de soberania. Se é assim, como de fato é, quem pode negar que o estado da Alemanha não é uma verdadeira aristocracia?

Que isso que eu disse é verdade fica bastante evidente, já que é assim que a força do comando soberano depende das atas ou decretos dos estados. Os decretos são feitos pelos sete Eleitores, que têm um terço dos votos, pelos outros Príncipes do Império, que não chegam a trezentos e têm também um terço dos votos, e pelos deputados de cidades imperiais, que são setenta aproximadamente e têm o outro terço dos votos deliberativos, para decretar, cassar, confirmar ou infirmar o que for proposto. Não há nada de particular, no que tange ao estado, que seja diferente das outras aristocracias, senão que os sete Eleitores têm um terço dos votos, os Príncipes outro e as cidades o restante. Desse modo, se os sete Eleitores e os deputados, ou os deputados e os Príncipes, ou os Eleitores e os outros Príncipes estiverem de acordo, o decreto é aprovado. Como os Príncipes eclesiásticos são em maior número, eles predominam com frequência sobre os laicos. Foi essa a causa que impediu os Príncipes laicos de comparecerem à dieta de Ratisbona no ano de 1546. Assim como os gentis-homens abaixo de vinte anos, em Veneza, Lucca e Ragusa, não têm direito de entrar no Grande Conselho nem participação na soberania, assim também os filhos de família dos Príncipes, sejam eles jovens ou velhos, não têm voz deliberativa se não forem qualificados de Príncipes do Império, que são um certo número de duques, marqueses, condes, landgraves, burgraves, margraves, barões, arcebispos, bispos, abades. Pois, embora o duque de Lorena seja Príncipe do Império, o conde de Vaudémont, seu tio, só é admitido ou sentado nas cerimônias entre os filhos de família dos Príncipes.

Todavia, muitos pensam que os Príncipes e cidades imperiais possuem seu estado soberano à parte e que os estados do Império são como aqueles das ligas dos suíços. Mas a diferença é bem grande, pois cada cantão é soberano e não recebe lei nem comando dos outros, e só existe entre eles uma obrigação de aliança ofensiva e defensiva, como dissemos no seu lugar. Mas o Império da Alemanha é unido pelos estados gerais, que sentenciam as cidades e os Príncipes ao banimento imperial e despojam os imperadores do seu estado com poder soberano, como alijaram os imperadores Adolfo e Ovancelot, filhos de Carlos IV, e vários outros. Ademais, os estados geralmente fazem decretos e ordenanças que obrigam todos os súditos do Império, tanto em geral como em particular. E, além disso, os dez ciclos ou circuitos do Império, que eles também chamam de periferias, possuem seus estados próprios e transmitem os requerimentos, queixas e reclamações aos estados gerais para receber os comandos e resoluções dos mesmos. Outrossim, os príncipes-eleitores, no dia seguinte à coroação do Imperador, declaram deter seus estados do Império e não do Imperador, embora isso se faça através das mãos do Imperador. Enfim, a alçada e soberania de todas as apelações em matéria civil acima de vinte escudos, pelas antigas, e de quarenta, pelas novas ordenanças, pertencem à câmara imperial, comum a todos os súditos do Império, que é composta por 23 juízes e um Príncipe do Império, indicado a cada ano segundo a ordem dos circuitos. E, se for preciso julgar entre dois Príncipes, ou entre as cidades, seja da vida, da honra ou dos bens, o conhecimento pertence à câmara imperial, se não aprouver aos estados avocar e reter o conhecimento. Assim, no ano de 1555, foi decidido por ordenança do Império que, se houvesse dali em diante Príncipe, cidade ou súdito do Império que pegasse em armas contra a nação germânica, ele seria julgado pelos estados, que para tal fim se reuniriam em Worms. E pela ata da dieta de Augsburgo do ano de 1555 foi instituída proibição a todos os súditos do Império de sair dos limites do mesmo para socorrer Príncipes estrangeiros, sob grandes penas. Ademais, é expressamente previsto pelas ordenanças do Império, livro II cap. XXVIII, que não haverá Príncipe, cidade ou comunidade que seja tão ousado a ponto de impedir as apelações dos súditos do Império à câmara imperial, sob grandes penas. Por último, o Imperador, como chefe, une ainda mais os membros do Império numa República do que se houvesse somente os estados.

Eu disse chefe do Império, ou capitão-em-chefe, mas não porque ele seja soberano, como muitos pensam, pois, ao invés de os reis e monarcas nomearem os Príncipes, o Imperador, ao contrário, é eleito e nomeado pelos Príncipes. E como seria ele soberano e súdito do Império, senhor e vassalo do Império? Mestre e obrigado a obedecer aos estados? E não somente aos estados, mas também aos vigários do Império? Isso pode parecer estranho, e contudo é verdadeiro. Lembro-me de ter lido uma carta de um senhor pensionário do rei escrita ao condestável com data de 12 de maio de 1552, na qual ele escrevia que o rei da França devia queixar-se ao duque da Saxônia e ao conde palatino, vigários do Império, para obter justiça do imperador Carlos V e de Ferdinando Rei dos Romanos, segundo a bula de ouro e as ordenanças dos estados, porque eles haviam interceptado as cartas do rei endereçadas aos estados do Império, diante da recusa do arcebispo de Mogúncia em receber e apresentar as referidas cartas aos estados como chanceler do Império. E pela ata da dieta imperial reunida em Heidelberg no ano de 1553 foi decidido que nenhum membro da corte do Imperador manejaria os negócios do Império, como vi nas cartas do embaixador da França. Quando se trata de cobrar dinheiros para os negócios do Império, eles não são creditados na poupança do Imperador, mas são colocados em depósito nas cidades de Estrasburgo, Lubeck e Augsburgo. Não está no poder do Imperador retirar dinheiro algum dali sem a permissão dos estados.

Isso mostra que estão muito equivocados em sua opinião aqueles que pensam que o Imperador é soberano e chamam o Império de monarquia, como se estivesse sob o poder de um monarca. Ao contrário, Maximiliano I, bisavô do atual, embora fosse Imperador bastante ambicioso, disse aos estados do Império que não havia necessidade de tomar a coroa imperial do Papa nem deter-se em tais cerimônias, visto que o poder soberano assistia nos estados. Se me disserem que o Imperador manda reunir os estados, isso é verdade, se houver algum assunto urgente e extraordinário, mas as dietas ordinárias são da competência da ata de cada dieta. Contudo, o mais simples magistrado em Roma e em Atenas tinha o poder de mandar reunir o povo inteiro, que detinha a majestade soberana, e o cônsul ordenava aos senadores que se reunissem sob pena de proceder contra eles por confisco de corpo e de bens. Não obstante, os Príncipes só são obrigados a comparecer aos estados se o Imperador ordenar, como fizeram saber ao imperador Carlos V no ano de 1554. E se acontecer que o Imperador ou o Rei dos Romanos saiam das fronteiras do seu país, eles pisam as terras dos outros Príncipes quase como estrangeiros. Se se disser que o Imperador é juiz entre os Príncipes e as cidades imperiais, isso é verdade na primeira instância, e quando as partes o aceitam é na qualidade de lugar-tenente do Império, como em caso semelhante o duque da Saxônia e o conde palatino podem também julgar na qualidade de vigários imperiais. Não obstante, a apelação aos estados suspende o poder do Imperador, assim como dos vigários imperiais.

Ainda se pode dizer que os Príncipes do Império, na assembleia dos estados, usam desta qualidade para com o Imperador, VOSSA SAGRADA MAJESTADE, que não pode convir senão àquele que é soberano. Eu digo que essas honras não conferem a soberania, de outro modo o Rei dos Romanos também seria soberano, de forma que haveria dois soberanos, e todavia um sujeito ao outro. De fato, Georges de Helfustein, barão de Gondelpfingen, ao levar as advertências do Rei dos Romanos aos estados do Império reunidos no mês de maio de 1556, disse assim: DA PARTE do Rei dos Romanos nosso senhor soberano. Mas há muitos outros argumentos no fato de que o Imperador concede os feudos do Império vacantes, e investe neles quem bem quiser, sem o consentimento dos estados. Eu respondo que o consentimento expresso dos estados não é exigido, portanto isso não vai contra o querer dos estados que toleram tal fato, e podem suprimir esse artigo, como fizeram com as outras marcas de soberania. Contudo, o embaixador Marillac pensava que o Imperador não tinha esse poder, e advertiu o rei que o imperador Carlos V havia investido Felipe de Espanha no ducado de Milão, em Bruxelas no ano de 1551, sem ter obtido o consentimento dos estados. Porém, não se encontrará uma única investidura de feudo imperial da qual conste o consentimento expresso dos estados. Por isso é certo que o Imperador não concede as investiduras senão na qualidade de lugar-tenente para todo o Império, assim como ele recebe a fé e a homenagem dos Príncipes para e em nome do Império. Como ele recebeu em caso semelhante o senhor de Chantonet, portador de procuração especial do Rei Católico, no ano de 1565, para prestar fé e homenagem ao Império pelo ducado de Milão e pelo vicariato perpétuo de Siena.

Faremos o mesmo julgamento das confirmações dos benefícios e direitos de regalias que ele dá àqueles que são eleitos pelos capítulos, corpos e colégios, segundo as concordatas do Papa com o Império; e das cartas de salvaguarda que ele dá aos embaixadores, arautos de armas e outros estrangeiros, às quais a cláusula ordinária é aposta contendo estas palavras: "Porque todas as coisas nos são possíveis por causa de nosso encargo imperial". Isso mostra suficientemente que o Imperador era antigamente monarca soberano, o que ele não é mais. E mesmo os Eleitores e outros Príncipes do Império recusaram ao Imperador a dieta que ele solicitou no ano de 1566 e ordenaram que o dinheiro que seria levantado para financiar os negócios da guerra, nem o Imperador nem os seus ministros o tocariam. E, para ser breve, basta ver os artigos do juramento prestado pelos imperadores entre as mãos dos Eleitores do Império, que citei no capítulo sobre o Príncipe que depende em fé e homenagem de outrem, para perceber com evidência ainda maior que a soberania do Império não pertence de modo algum ao Imperador, mesmo que ele carregue os cetros, as coroas, as vestes imperiais, e que tenha precedência sobre os outros reis, e mesmo que se lhe atribua a qualidade de majestade sacratíssima. Para dizer a verdade, não se poderia fazer-lhe maior honra do que a majestade do Sacro Império, do qual ele é o chefe, merece. Mas o costume das aristocracias bem ordenadas é de outorgar menos poder àquele que recebe mais honra, e às vezes menos honra àqueles que têm mais poder, como os venezianos sabem muito bem praticar.

Portanto, já que mostramos que o Império é um estado aristocrático, é preciso concluir que não há Príncipe nem cidade imperial que tem a soberania, pois não são outra coisa senão membros do Império, governando cada qual o seu estado sob o poder das leis e ordenanças do Império, e sem derrogá-las. Assim, enganam-se aqueles que contam tantas Repúblicas quanto há Príncipes e cidades imperiais. Mostramos acima o contrário. Mas assim como neste reino cada cidade e senhor tem os seus juízes, cônsules, escabinos e outros magistrados particulares que governam seu estado, o mesmo ocorre com as cidades imperiais, exceto que há mais juízes reais e o Império só possui a câmara imperial, que conhece as apelações dos outros juízes, e os vigários imperiais. Não obstante, quando acontece que o Império está dividido em facções e parcialidades, e os Príncipes insurgidos uns contra os outros, o que se viu com bastante frequência, então o estado municipal das cidades e a jurisdição subalterna dos Príncipes transformam-se em vários estados aristocráticos e monarquias particulares, e cada membro se torna um corpo particular de uma República soberana. E assim como o corpo universal do Império é inteiramente aristocrático, também as cidades imperiais têm estado aristocrático, como Augsburgo, Nuremberg, Worms e outras cidades imperiais, que são quase todas aristocráticas, embora haja algumas mais populares, como Estrasburgo.

O estado de Nuremberg

Mencionarei somente, para ser breve, o estado da cidade de Nuremberg, a maior, a mais ilustre e a melhor ordenada de todas as cidades imperiais, que está estabelecida em forma aristocrática, pois há somente 28 famílias antigas que detêm o poder sobre todo o resto dos súditos pertencentes à alçada de Nuremberg. Dessas 28 famílias, elege-se todos os anos censores sem desabono, e, isso feito, todos os magistrados são destituídos do seu poder. Então os censores elegem o senado de 26 pessoas, o qual elege 13 dos seus para o privado conselho dos negócios secretos. Do mesmo senado elege-se os 13 escabinos, que, junto com os sete burgomestres, formam um outro conselho particular, que tem poder semelhante ao do Conselho dos Dez em Veneza. Eis aqueles que manejam o estado. Deixo de falar dos cinco juízes criminais e doze cíveis, e do preboste dos víveres, e dos dois tesoureiros, e dos três árbitros das tutelas, que ocupam quase o mesmo ofício que os procuradores de São Marco na República de Veneza, à semelhança da qual os de Nuremberg quiseram por todo modo configurar a sua.

Embora haja cidades imperiais mais livres umas que as outras, a saber, aquelas que não estão nem em sujeição, nem sob a proteção dos Príncipes, como Nuremberg, Estrasburgo, Lubeck, Hamburgo, Bremen, Worms, Spire, elas estão todas sujeitas ao Império. É verdade que há várias delas que se isentaram do poder dos Príncipes para manterem-se em liberdade e depender diretamente do Império, como a cidade de Brunswick, que se desvencilhou da obediência aos Príncipes de Brunswick, Worms e outras, que se isentaram do poder dos antigos senhores. Em caso semelhante, os suíços e os grisões, que têm Repúblicas separadas, eram súditos do Império. Até mesmo os senhores do cantão de Friburgo, no tratado de comburguesia feito entre eles e os senhores de Berna, chamam a cidade de Friburgo de membro do Império, embora detenham seu estado à parte em plena soberania. Os outros admitem deter seus privilégios e a liberdade de governar seu estado dos imperadores, como Uri, Unterwalden e Schwyz, e possuem para tanto cartas-patentes de Luís da Baviera imperador, datadas do ano de 1316. Também os tietmarsois, para a segurança e estabilidade inviolável do seu país, situado nas fronteiras do reino da Dinamarca, subtraíram-se ao Império e estabeleceram sua República em forma aristocrática de 48 senhores que detêm a soberania enquanto viverem. Se morrer um deles, elege-se um outro no seu lugar. É verdade que, no ano de 1559, Adolfo duque de Holstein esforçou-se em sujeitá-los, pretendendo que Cristiano, seu bisavô, havia obtido do imperador Frederico III a senhoria dos tietmarsois que havia se desmembrado do Império, como vi nas cartas do senhor Danzai, embaixador do rei na Dinamarca.

Fica claro, portanto, que o estado da Alemanha é uma reta aristocracia e não uma monarquia. Mas é preciso tomar cuidado no estado aristocrático para não confundir os senhores soberanos com os magistrados e com o senado. Pois às vezes a República tem tão poucos senhores que eles são senadores e magistrados, como os farsálios tinham apenas 20 senhores, os lacedemônios 30 e os tietmarsois 48, e não havia outros senadores além da senhoria. Mas os cnídios elegiam todos os anos 60 cidadãos, que eles chamavam de amimones[73], aos quais eles davam todo o poder de manejar o estado sem prestar contas e que, no entanto, não eram senhores soberanos, mas sim magistrados soberanos. A soberania absoluta permanecia com a nobreza, como eu disse. Em caso semelhante, os de Zurique elegiam todos os anos 36 magistrados que governavam por quatro meses cada dúzia. Essa forma durou até o ano de 1330, quando o povo miúdo expulsou os magistrados, nomeando um senado de duzentos homens e um cônsul.

Mas é muito mais seguro, por menor que seja a aristocracia, separar os senhores do senado, como se faz em Ragusa, ainda que haja poucos senhores

---

[73] Plutarco, *Apophthegmata Graecorum*.

e que a República seja de pequena extensão. E antes disso os senhores da República de Quios, que tinha sido estabelecida em forma aristocrática por certos gentis-homens genoveses da casa justiniana, tendo-a conquistado dos Imperadores do Oriente, elegiam todos os anos 12 conselheiros de estado para o seu senado, com quatro governadores renováveis de seis em seis meses e um magistrado soberano de dois em dois anos. Eles mantiveram seu estado até que o grande senhor, depois de poucos anos, juntou-o ao Império do Oriente.

Eis o que se devia dizer sobre a definição de aristocracia. Falaremos no seu lugar das utilidades e perigos que existem no estado aristocrático e da maneira de governá-lo.

Opinião de Aristóteles sobre a aristocracia

Resta agora responder ao que diz Aristóteles sobre a aristocracia, que é totalmente contrário ao que dissemos. Há, diz ele[74], quatro espécies de aristocracia: a primeira, na qual somente os ricos a partir de certa renda têm participação na soberania; a segunda, na qual os estados e ofícios são distribuídos por sorteio àqueles que possuem mais bens; a terceira, na qual os filhos sucedem aos pais na senhoria; a quarta, na qual aqueles que sucedem dispõem de poder senhorial e comandam sem lei. No entanto, pouco depois no mesmo livro[75], ele cita cinco espécies de República, a saber, a real, a popular, aquela com poucos senhores e aquela das pessoas de bem, e depois uma quinta composta das quatro. Em seguida ele diz que a quinta não existe. Mostramos acima que tal mistura de Repúblicas é impossível e incompatível por natureza; mostremos também que as espécies de aristocracia propostas por Aristóteles não são concebíveis de maneira nenhuma.

O erro proveio de que Aristóteles não define o que é aristocracia. Dizer que é ali onde só os ricos ou as pessoas de bem têm participação na senhoria não convém, pois pode acontecer que, de dez mil cidadãos, haja seis mil que têm duzentos escudos de renda e participação na senhoria, e contudo o estado será popular, visto que a maioria dos cidadãos deterá a soberania. De outro modo, não haveria nenhuma República popular. O mesmo pode-se dizer das pessoas de bem, que podem ser a maioria dos cidadãos que têm participação

---

[74] *Política* liv. 4 cap. 5.
[75] Liv. 4 cap. 7.

na senhoria, e no entanto, no dizer de Aristóteles, o estado será aristocrático. Pois se ele tomar a bondade no mais alto grau de virtude, ele não encontrará ninguém; se for a opinião popular, cada um se diz homem de bem; e o julgamento disso é tão arriscado que o sábio Catão, escolhido para árbitro de honra, não ousou sentenciar se Q. Luctatius era homem de bem ou não.

Todavia, postulemos o caso que as pessoas de bem e de virtude em toda República componham a minoria dos cidadãos, e que estes segurem o leme da República; por que, pelo mesmo meio, Aristóteles não fez uma espécie de aristocracia na qual os nobres detêm a senhoria, visto que eles são sempre em número menor que os plebeus? Por que não fez ele uma outra espécie de aristocracia na qual as mais antigas famílias, ainda que sejam plebeias, comandam, como ocorreu em Florença depois que a nobreza foi expulsa? Pois é certo que há várias famílias de plebeus deveras antigas e mais ilustres que muitos gentis-homens recém enobrecidos, que talvez nem saibam quem é o próprio pai. Ele também poderia fazer uma outra espécie de aristocracia na qual os mais idosos detivessem a senhoria, como ele mesmo diz[76] que se fazia na Etiópia. Por conseguinte, haveria também uma aristocracia dos belos, dos poderosos, dos guerreiros, dos doutos e outras qualidades semelhantes, que resultariam numa infinidade de aristocracias diversas.

Há menos sentido ainda quando ele diz que a terceira espécie de aristocracia é aquela na qual os estados e ofícios são dados por sorteio aos mais ricos, visto que o sorteio pertence inteiramente ao estado popular. Ora, ele admite que a República de Atenas era popular, e no entanto os grandes estados, ofícios e benefícios só eram dados aos mais ricos, antes de Péricles[77]. E em Roma, que também era popular antes da Lei Canuleia[78], os estados e benefícios só eram dados aos mais antigos gentis-homens, que eles chamavam de patrícios. Esse é um argumento muito certeiro de que a República pode ser popular e governada aristocraticamente, e de que há uma diferença muito notável entre o estado de uma República e o governo da mesma, como dissemos acima.

Quanto à outra espécie de aristocracia, que Aristóteles diz ser governada sem lei e assemelhada à tirania, mostramos a diferença entre a monarquia real, senhorial e tirânica, que é semelhante na aristocracia, na qual os senhores

---

76 *Política* liv. 3 cap. 5.
77 Plutarco, *Péricles*.
78 Lívio liv. 4.

podem governar seus súditos como escravos e dispor dos seus bens assim como o monarca senhorial, sem usar leis e, todavia, sem tiranizá-los – como o pai de família, que é sempre mais cuidadoso com seus escravos do que com os criados remunerados. Pois não é a lei que faz o reto governo, mas a verdadeira justiça e a distribuição igual da mesma.

E a mais bela coisa do mundo que se pode desejar em matéria de estado, no julgamento de Aristóteles, é ter um rei sábio e virtuoso, que governa seu povo sem lei nenhuma, visto que a lei serve, muitas vezes, para muitos como armadilha para enganar, e que ela é muda e inexorável. Por isso a nobreza de Roma se queixava que se quisesse estabelecer leis e governar-se por elas após a expulsão dos reis, que governavam sem lei, segundo a diversidade dos fatos que se apresentavam. Os cônsules e a nobreza, que detinham plenamente a República no estado aristocrático, continuaram assim até que o povo, querendo prevalecer no estado popular, que exige apenas a igualdade das leis, recebeu o pedido do seu tribuno Terêncio Arsa, e seis anos depois de ter se debatido contra a aristocracia senhorial dos nobres fez passar com força de lei que, dali em diante, os cônsules e magistrados estariam vinculados às leis, que seriam feitas por aqueles que o povo delegaria a esse fim.

Portanto, não é a lei que torna o Príncipe na monarquia, e os senhores na aristocracia, justos e bons, mas a reta justiça que está gravada na alma dos Príncipes e senhores justos, e muito melhor do que em tábuas de pedra. Quanto mais os éditos e ordenanças foram multiplicados, mais as tiranias ganharam força, como ocorreu sob o tirano Calígula, que fazia éditos a torto e a direito, e em letra tão miúda que não se podia lê-los[79], a fim de ludibriar os ignorantes. Seu sucessor e tio Cláudio fez num dia vinte éditos[80], e todavia a tirania nunca foi tão cruel, nem os homens tão maus. Ora, assim como a aristocracia bem ordenada é bela às maravilhas, assim também ela é muito prejudicial se for depravada, pois para um tirano existem vários. O mesmo acontece quando a nobreza se insurge contra o povo, como ocorre frequentemente, tal como antigamente quando se recebia os nobres em várias senhorias aristocráticas e eles prestavam juramento de serem para sempre inimigos jurados do povo[81], o que é a subversão das aristocracias. Falemos agora do estado popular.

---

[79] Suetônio, *Calígula*.
[80] Suetônio, *Cláudio*.
[81] Aristóteles, liv. 5 cap. 6.

Capítulo VII

Do estado popular

O estado popular é a forma de República na qual a maioria do povo comanda junto com soberania ao restante em nome coletivo, e a cada um do povo todo em particular. O principal ponto do estado popular se faz notar em que a maioria do povo tem comando com poder soberano, não somente sobre cada um em particular, mas também sobre a minoria do povo todo junto. Desse modo, se houver 35 linhagens ou partes do povo, como em Roma, as 18 têm poder soberano sobre as outras 17 juntas e lhes dão a lei. É o que se pôde ver quando Marco Otávio foi destituído do tribunato a pedido de Tibério Graco, seu companheiro[82]. A história registra que lhe rogaram que deixasse voluntariamente seu estado antes que as dezoito linhagens tivessem pronunciado seu veredito.

---

[82] Plutarco, *Graco*.

A diferença que existe entre dar os votos por cabeça ou por linhagem

Do mesmo modo, o tribuno Rullus queria, pelo pedido que apresentou ao povo referente à divisão das terras, que os comissários, que teriam esse encargo, fossem eleitos pela maioria das 17 linhagens do povo somente. Cícero, então cônsul, tomou essa ocasião, entre outras, para impedir o atendimento do seu pedido e a publicação da lei, dizendo que o tribuno queria privar a maioria do povo do seu voto. Mas era a coisa menos considerável, já que o pedido do tribuno comportava a expressão "Se aprouver ao povo" (quer dizer, à maioria das 35 linhagens) que a minoria do povo (a saber, as 17 linhagens) indicasse os comissários. Assim, a majestade do povo permanecia intacta, visto que a minoria do povo era indicada ao arbítrio e querer da maioria, a fim de que não se fosse impedido de reunir as 35 linhagens por pouca coisa, como se fazia na nomeação dos benefícios pela Lei Domitia[83]: se algum benefício ficava vacante pela morte dos augúrios, sacerdotes e pontífices, reunia-se 17 linhagens do povo, e aquele que fosse indicado e nomeado por nove linhagens do povo era reconhecido pelo capítulo ou colégio dos pontífices.

Quando digo que a maioria do povo detém a soberania no estado popular, isso se entende se se tomar os votos por cabeça, como em Veneza, Ragusa, Gênova, Lucca e quase todas as Repúblicas aristocráticas. Mas se se tomar os votos por linhagem, ou paróquia, ou comuna, basta ter mais linhagens, paróquias ou comunas, ainda que haja muito menos cidadãos, como quase sempre aconteceu nas antigas Repúblicas populares. Em Atenas o povo era dividido em dez linhagens principais, e em favor de Demétrio e Antígono foram acrescentadas duas; além dessa divisão, o povo estava repartido em 36 classes. Assim, em Roma, a primeira divisão do povo feita por Rômulo era de três linhagens; depois ele foi dividido em trinta paróquias, que tinham cada qual um prelado como chefe. E cada um, diz Tito Lívio[84], dava seu voto por cabeça. Porém, por ordenança do rei Sérvio, o povo foi dividido em seis classes, segundo os bens e a renda de cada um, de modo que a primeira classe, na qual estavam os mais ricos, tinha tanto poder quanto todas as outras, se

---

[83] Cícero, *Rullus*.

[84] Liv. 1.

as centúrias da primeira permanecessem de acordo[85]. Eram 80 centúrias, que somavam apenas oito mil, e as quatro classes seguintes tinham somente oito mil membros. Mas bastava encontrar na segunda classe tantas centúrias quanto era preciso na primeira, tanto que não se chegava com frequência à terceira nem à quarta, e menos ainda à quinta[86] e nunca à sexta, na qual estava o rebotalho do povo e dos pobres burgueses, que era então de sessenta mil ou mais, pelo número que foi levantado, além dos burgueses das cinco primeiras classes.

E se a ordenança do rei Sérvio tivesse ainda permanecido em vigor depois que os reis foram expulsos, o estado não teria sido popular, pois a minoria do povo tinha a soberania[87]. Mas o povo miúdo logo depois se revoltou contra os ricos e quis realizar seus estados à parte, a fim de que cada um tivesse voto igual, tanto o pobre quanto o rico, o plebeu quanto o nobre. E não se contentou, pois, vendo que os nobres atraíam para sua causa seus seguidores, foi dito que a nobreza não assistiria mais aos estados do povo miúdo, que foi então dividido em dezoito linhagens. E pouco a pouco, por sucessão de tempo, foram acrescentadas até trinta e cinco linhagens. E pelas manobras e facções dos tribunos, o poder igual que tinha a assembleia dos grandes estados em seis classes foi atribuído aos estados do povo miúdo, como dissemos acima. Como os libertos e outros burgueses recebidos por mérito, confundidos e mesclados em todas as linhagens do povo romano, eram em número incomparavelmente maior que os naturais e antigos burgueses, eles venciam pela força dos votos, o que o censor Ápio havia feito para gratificar o povo miúdo e para que este obtivesse por esse meio o que quisesse[88].

Mas Fábio Máximo, quando foi censor, mandou arrolar todos os libertos e aqueles que eram descendentes deles em quatro linhagens à parte, para conservar as antigas famílias dos burgueses naturais em seus direitos. Ele recebeu o nome de Altíssimo por esse único ato, que era de consequência muito grande. Todavia, ninguém se mobilizou. Isso continuou até Sérvio Sulpício tribuno do povo, o qual, trezentos anos depois[89], quis recolocar

---

85 Dionísio de Halicarnasso liv. 4.
86 Lívio liv. 1; Dionísio de Halicarnasso liv. 4.
87 Dionísio de Halicarnasso liv. 4.
88 Lívio liv. 6; Horácio, epítome 20.
89 Floro epítomes 77 e 9.

os libertos nas linhagens dos senhores que os haviam libertado, mas ele foi morto antes de conseguir fazê-lo. Logo depois[90], isso foi executado durante as guerras civis de Mário e Sula, para tornar o estado mais popular e diminuir a autoridade da nobreza e dos ricos. Demóstenes se esforçou para fazer o mesmo em Atenas após a vitória de Felipe, rei da Macedônia, em Queroneia[91], tendo apresentado requerimento ao povo com a finalidade de que os libertos e habitantes de Atenas fossem arrolados entre os cidadãos. Mas ele viu seu requerimento recusado imediatamente, embora só houvesse então vinte mil cidadãos, que eram sete mil a mais que no tempo de Péricles[92], que só contava treze mil, e cinco mil que foram vendidos como escravos, para serem qualificados de cidadãos.

O que eu disse servirá de resposta ao que se poderia alegar, que não há e talvez jamais houve República popular, na qual todo o povo se reunisse para fazer as leis, nomear os magistrados e usar as marcas de poder soberano, mas ao contrário boa parte destes ordinariamente estão ausentes, e a minoria dá a lei. Mas basta que a pluralidade das linhagens prevaleça, ainda que só houvesse cinquenta pessoas numa linhagem e mil na outra, visto que a prerrogativa dos votos é reservada a cada um, se quiser assistir. É verdade que, para obviar as facções daqueles que disputavam os principais das linhagens quando se fazia alguma lei que surtia efeito, foi acrescentado este artigo segundo o qual a lei que seria publicada não poderia ser cassada, a não ser pelos estados do povo nos quais houvesse pelo menos seis mil burgueses, como se vê frequentemente em Demóstenes e nas vidas dos dez oradores[93]. Plutarco diz que o ostracismo não ocorria se houvesse menos de seis mil cidadãos que consentissem. Isso também é observado pelas ordenanças de Veneza nos assuntos de importância, e mesmo naquelas sobre a justiça esta cláusula é acrescentada, segundo a qual as ordenanças não serão jamais derrogadas pelo Grande Conselho se não houver pelo menos mil gentis-homens venezianos e se quatro partes, de um total de cinco, ou cinco partes, de um total de seis, não estiverem de acordo. Isso está conforme à lei dos corpos e colégios, segundo a qual é preciso que dois terços assistam às deliberações e que a maioria dos dois terços esteja

---

90 *Idem*, epítome 84.
91 Plutarco, *Demóstenes*.
92 Plutarco, *Péricles*.
93 *Aristides*.

de acordo para dar lei ao restante. Pois de mil e quinhentos gentis-homens venezianos, mais ou menos, acima de vinte anos (pois quase não acontece há cem anos que tenha havido mais que detêm a senhoria), foi ordenado que mil estariam presentes, que são os dois terços, e que, do número de mil gentis-homens, oitocentos pelo menos, que são quatro quintos, estariam de acordo. Isso não é necessário nos corpos e colégios, nos quais a maioria dos dois terços prevalece.

Porém, tais ordenanças deixam claro que, de mil e quinhentos, é preciso oitocentos pelo menos, que é a maioria dos cidadãos contados por cabeça e não por linhagem ou paróquia, como se faz nos estados populares, por causa da multidão infinita daqueles que participam da senhoria. No mais das vezes, confundia-se os sufrágios das linhagens, até a Lei Fúsia, publicada no ano 693 da fundação de Roma por causa das críticas que uns faziam aos outros de ter consentido com uma lei iníqua. Assim fazem os senhores das ligas e cidades da Alemanha que são mais populares, como Estrasburgo, e antes disso a cidade de Metz, que também era popular e na qual os treze magistrados eram eleitos pelas paróquias, como o são ainda hoje, e nas ligas dos Grisões pelas comunas. É verdade que, nos cantões de Uri, Schwyz, Unterwalden, Zug, Glarus e Appenzell, que são verdadeiras democracias e que conservam mais liberdade popular, por serem montanhosos, os cidadãos reúnem-se em sua maioria em lugares públicos, desde a idade de 14 anos, e a cada ano, além dos estados extraordinários. Ali eles elegem o senado e o *aman*, e outros magistrados, e levantam a mão para indicar seu voto, na forma da antiga quirotonia das Repúblicas populares, e obrigam às vezes seus vizinhos a socos a levantar a mão, como se fazia antigamente; ainda mais nas ligas dos Grisões, que são as mais populares e governadas mais popularmente do que quaisquer outras Repúblicas. Assim, eles fazem as assembleias das comunas para eleger o *aman*, que é em cada um dos pequenos cantões o magistrado soberano. Nessas assembleias, aquele que foi por três anos *aman* se põe de pé e pede licença ao povo para desculpar-se por aquilo em que tiver falhado, e depois nomeia três cidadãos, dos quais o povo escolhe um. Em seguida, é eleito o seu lugar-tenente, que é como um chanceler, e treze outros conselheiros, entre os quais quatro para o conselho secreto dos negócios de estado, e depois o camareiro tesoureiro da fazenda.

A diferença é notável entre o governo dos outros cantões da Suíça e o dos Grisões, pois aquele que tiver ganho dois ou três ofícios principais de um cantão dos suíços, que são governados por senhores, pode estar seguro de que ganhou todo o cantão. Mas o povo dos Grisões não se considera de modo algum sujeito nem subordinado aos oficiais se não se ganhar as comunas, como vi pelas cartas do bispo de Bayonne, embaixador da França. Depois disso, o sr. De Bellievre, embaixador, homem muito entendido de negócios, que ocupava o mesmo cargo, deu parecer no mês de maio de 1565 segundo o qual o embaixador da Espanha quase havia feito com que se revoltassem as ligas dos Grisões, de modo que na liga da Cade havia mais votos em favor da Espanha que da França. Desde então, a liga de Linguedine, não tendo recebido os dinheiros prometidos pelos espanhóis, apreendeu os pensionários da Espanha e submeteu-os à tortura, para depois condená-los a dez mil escudos de multa. O embaixador da França agiu tão bem que, dois meses depois, eles enviaram conjuntamente com os cantões da Suíça vinte e sete embaixadores à França para renovar e jurar a aliança. Concluiremos, portanto, que a República é popular quando a maioria dos burgueses, seja por cabeça, seja por linhagem, ou classe, ou paróquia, ou comuna, detém a soberania.

Opinião de Aristóteles sobre o estado popular

Todavia, Aristóteles sustenta o contrário[94]. Não se deve, diz ele, seguir a opinião comum, que considera o estado popular quando a maioria do povo detém a soberania. Em seguida, ele fornece o exemplo de mil e trezentos burgueses numa citandade na qual mil deles, por serem os mais ricos e mais abastados, detêm a senhoria e afastam dela o restante. Não se deve, diz ele, estimar esse estado popular, não mais do que a aristocracia não é aquela na qual a minoria dos cidadãos detém a soberania, se forem os mais pobres. Depois ele conclui assim: o estado popular é aquele no qual os pobres burgueses detêm a soberania, e a aristocracia quando os ricos têm a senhoria, sejam eles mais ou menos numa ou no outro. Por esse meio, Aristóteles inverte a opinião comum de todos os povos, até mesmo dos legisladores e filósofos, opinião comum que sempre foi, é e será senhora em matéria de Repúblicas, e o faz apesar de

---

[94] Liv. 4 cap. 4.

não haver razão genuína nem verossímil para afastar-se da opinião comum, de outro modo decorrer-se-iam mil absurdos intoleráveis e indissolúveis.

Pois poder-se-ia dizer que a facção dos dez comissários deputados para corrigir os costumes de Roma, que usurparam o estado, era popular, embora todos os historiadores a chamem de oligarquia[95], ainda que eles fossem escolhidos não pelos seus bens, mas somente pela sua prudência; ao contrário, quando o povo os expulsou para manter sua liberdade popular, ter-se-ia dito que a República havia sido transformada em aristocracia. E se houvesse vinte mil cidadãos ricos que detivessem a senhoria e quinhentos pobres que dela estivessem excluídos, o estado seria aristocrático; ao contrário, se houvesse quinhentos pobres gentis-homens que detivessem a senhoria e se os ricos dela não participassem, chamar-se-ia tal República de popular. Assim diz Aristóteles quando ele chama as Repúblicas de Apolônia, de Tira e de Colofon de populares, nas quais um número muito pequeno das antigas famílias muito pobres tinham a senhoria sobre os ricos. Ele vai além, pois ele diz que, se a maioria do povo tiver a soberania e der os ofícios aos mais belos, ou aos maiores, o estado, diz ele, não seria popular, mas aristocrático. É outro erro em matéria de estado, visto que não se trata, para julgar um estado, de saber quem tem as magistraturas e os ofícios, mas somente quem tem a soberania e o pleno poder de instituir ou destituir os oficiais e dar a lei a cada um.

Todos os absurdos mencionados acima resultam do fato de que Aristóteles tomou a forma de governar pelo estado de uma República. Ora, dissemos acima, de passagem, que o estado pode ser uma pura monarquia real e o governo popular, a saber, se o Príncipe concede os estados, ofícios e benefícios aos pobres tanto quanto aos ricos, aos plebeus tanto quanto aos nobres, sem acepção nem favor para ninguém. Também pode acontecer que o estado real seja governado aristocraticamente, se o Príncipe conceder os estados e ofícios a poucos nobres ou aos mais ricos somente, ou aos mais favoritos. Ao contrário, se a maioria dos cidadãos detiver a soberania e o povo conceder os ofícios honoríficos, penhores e benefícios aos nobres somente, como ele fez em Roma até a Lei Canuleia, o estado será popular, governado aristocraticamente. E se a nobreza, ou poucos ricos, tiver a senhoria e os cargos honoríficos e benefícios forem concedidos pelos senhores aos pobres e plebeus tanto quanto aos ricos, sem favorecer ninguém, o estado será aristocrático governado popularmente.

---

95 Dionísio de Halicarnasso e Lívio.

Portanto, se todo o povo ou a maioria deste tiver a soberania e conceder os estados e benefícios a todos sem distinção da pessoa, ou então se os ofícios e benefícios forem sorteados entre todos os cidadãos, poder-se-á julgar que o estado é não somente popular, mas também governado popularmente. É o que foi praticado pela ordenança feita a pedido de Aristides, segundo a qual todos os cidadãos seriam aceitos em todos os estados, sem levar em consideração os bens, o que significava cassar a lei de Sólon. Pelo mesmo meio, se a senhoria dos nobres ou dos mais ricos somente tiver participação na soberania e todos os outros forem afastados dos estados e cargos honoríficos, poder-se-á dizer que o estado é não somente aristocrático, mas também governado aristocraticamente, como se pode ver no estado de Veneza.

Talvez me dirão que sou o único a pensar assim, e que nenhum dos antigos — e menos ainda dos novos — que trataram da República proclamou essa opinião. Não quero negá-lo, mas essa distinção me pareceu mais do que necessária para bem entender o estado de cada República, se não quisermos nos precipitar num labirinto de erros infinitos, no qual vemos que Aristóteles adentra, tomando o estado popular por aristocrático, ao contrário da opinião comum, e até mesmo contra o senso comum. Sobre tais princípios mal fundados, é impossível edificar algo seguro. Desse erro igualmente provém a opinião daqueles que forjaram uma República que é uma mescla das três, o que rejeitamos acima. Logo, consideraremos resolvido que o estado de uma República é sempre simples, ainda que o governo seja contrário ao estado, como a monarquia é totalmente contrária ao estado popular, e não obstante a majestade soberana pode residir num único Príncipe que governa seu estado popularmente, como eu disse. Não será, portanto, uma confusão do estado popular com a monarquia, que são incompatíveis, mas sim da monarquia com o governo popular, que é a monarquia mais segura que existe. Faremos julgamento semelhante do estado aristocrático com o governo popular, que é muito mais firme e seguro do que se o estado e o governo fossem aristocráticos.

Embora o governo de uma República seja mais ou menos popular, ou aristocrático, ou real, o estado em si não admite comparação de mais nem de menos, pois sempre a soberania indivisível e incomunicável pertence a um só, ou à minoria de todos, ou à maioria, que são as três espécies de República que postulamos. Quanto ao que eu disse, que o governo pode ser mais ou menos popular, isso pode ser julgado pelas Repúblicas dos suíços, nas quais os cantões de Uri, Schwyz, Unterwalden, Zug, Glarus e Appenzell se governam pelas comunas que detêm a soberania. Entre esses cinco[96] cantões não há uma cidade murada exceto Zug. Os nove outros cantões e Genebra se governam pelos senhores que eles chamam de Conselho, como aprendi do sr. De Basse-Fontaine, bispo de Limoges, que mais longamente e mais habilmente que qualquer outro embaixador desempenhou tal cargo sem desabono e com muito grande honra. Até mesmo os bernenses, que compõem seu senado de artífices, elegem seus *avoyers* entre as mais nobres e antigas famílias, de modo que são menos sujeitos às emoções. Ao contrário, os senhores das três ligas dos Grisões, que são as mais populares, estão mais sujeitos às sedições, como os embaixadores dos Príncipes sempre constataram. Pois o verdadeiro natural de um povo é ter plena liberdade sem entrave nem freio algum, e que todos sejam iguais em bens, em honras, em penas, em recompensas, sem levar em conta a estima nem da nobreza, nem do saber, nem de qualquer virtude.

De fato, como diz Plutarco no seu *Banquete*, eles querem que tudo seja tirado na sorte, no peso, na libra, sem respeito nem favor por ninguém. E se os nobres ou os ricos quiserem prevalecer, eles esforçam-se para matá-los ou bani-los, e repartir seu confisco entre os pobres, como se fez no estabelecimento dos estados populares da Suíça, após a jornada de Sempach, na qual quase toda a nobreza foi exterminada e o restante obrigado a renunciar à sua nobreza, e não obstante alijado então dos estados e ofícios, exceto em Zurique e Berna. Eis porque, antigamente, nas Repúblicas populares, pedia-se que as obrigações fossem queimadas ou anuladas, como amiúde se fazia, e que os bens fossem repartidos igualmente, com proibição de adquirir. Ainda se vê alguns senhores das ligas dividir as pensões públicas e ordinárias entre cada um dos súditos em particular, e quem tiver mais filhos homens recebe mais do que os outros na partilha dos dinheiros. Do mesmo modo, o cantão de Glarus fez diligência junto ao embaixador Morlet no ano de 1550 para que as pensões particulares e extraordinárias fossem colocadas em comum; o rei respondeu ao embaixador que preferiria subtrair sua liberalidade.

As antigas Repúblicas populares faziam muito pior ao banir aqueles que eram os mais sábios e mais entendidos no manejo dos negócios, como foi Dâmon, mestre de Péricles. E não somente os mais hábeis, como também os mais justos e virtuosos, como foram Aristides em Atenas e Hermodoro

---

96 [N.T.:] lapso de Bodin, pois ele acaba de enumerar seis cantões.

em Éfeso, por temerem que o lume de virtude de algum grande personagem ofuscasse os olhos do povo miúdo e lhe fizesse esquecer a doçura de comandar, e por esse meio sujeitasse voluntariamente sua liberdade ao julgamento e discrição de um homem sábio e virtuoso. Com mais razão, eles temiam que a nobreza dos homens ilustres, ou a prudência, ou a riqueza, abrisse caminho à ambição de usurpar o estado. Ao contrário, os nobres e ricos não têm consideração pelo popular, mas estimam que é certo que aquele que tem mais nobreza, ou bens, ou virtude, ou saber, seja mais estimado, prezado e honrado, e que os cargos honoríficos são devidos a tais pessoas, e por esse meio eles se esforçam sempre de barrar os pobres e o povo miúdo do manejo do estado. Ora, é impossível modelar esses dois humores contrários numa mesma poção, embora Sólon se vangloriasse[97] de que, se tivesse o poder de fazer a lei, estabeleceria ordenanças iguais para os ricos, os pobres, os nobres, os plebeus, o que os ricos entendiam como igualdade geométrica e os pobres como igualdade aritmética. Falaremos em seu lugar de uma e outra igualdade, e as comodidades e inconvenientes de cada uma das três Repúblicas; agora basta saber as definições e qualidades das Repúblicas.

---

[97] Plutarco, *Sólon*.